广西城市轨道交通车辆技术示范特色专业系列教材

城市轨道交通列车制动系统

主　编　魏秀琴
副主编　丁金玲　金　星　陈桂平
主　审　沈国强

西南交通大学出版社
·成　都·

图书在版编目（CIP）数据

城市轨道交通列车制动系统 / 魏秀琴主编. —成都：西南交通大学出版社，2021.1（2023.7 重印）
ISBN 978-7-5643-7858-5

Ⅰ. ①城… Ⅱ. ①魏… Ⅲ. ①城市铁路 – 轨道交通 – 列车 – 车辆制动 – 高等职业教育 – 教材 Ⅳ. ①U260.13

中国版本图书馆 CIP 数据核字（2020）第 243894 号

Chengshi Guidao Jiaotong Lieche Zhidong Xitong
城市轨道交通列车制动系统

主　编／魏秀琴	责任编辑／张少华
	封面设计／吴　兵

西南交通大学出版社出版发行
（四川省成都市金牛区二环路北一段 111 号西南交通大学创新大厦 21 楼　610031）
发行部电话：028-87600564　028-87600533
网址：http://www.xnjdcbs.com
印刷：成都中永印务有限责任公司

成品尺寸　　185 mm × 260 mm
印张　8.25　　字数　200 千
版次　2021 年 1 月第 1 版　　印次　2023 年 7 月第 2 次

书号　ISBN 978-7-5643-7858-5
定价　25.00 元

课件咨询电话：028-81435775
图书如有印装质量问题　本社负责退换
版权所有　盗版必究　举报电话：028-87600562

前　言

本书根据教育部相关教学标准要求，结合当前职业教育的特点和城市轨道交通专业实用型人才培养的需求编写而成。在编写过程中，行业专家、一线技术骨干全面参与本书的评审，体现了"工学结合、校企合作"的理念；突破了传统教科书式的编写模式，应用二维码技术等移动互联网时代元素，版式生动活泼，便于读者理解掌握。

全书主要分为6个项目，共计21个学习任务，涵盖了城市轨道交通车辆典型制动系统的风源系统、控制部分和基础制动装置。通过本书的学习可以让读者掌握城市轨道交通列车制动系统相关技术。由于各地城市轨道交通车辆选型及运用情况存在差异，书中一些具体数据不具备通用性，在操作中要根据当地车辆的实际情况而定，敬请谅解。

本书由柳州铁道职业技术学院魏秀琴担任主编，丁金玲、金星、陈桂平担任副主编，南宁轨道交通股份有限公司沈国强担任主审，具体编写分工如下：课题1由丁金玲编写，课题2由金星编写，课题3和课题4由陈桂平编写，课题5和课题6由魏秀琴编写。本书在编写过程中参考了多位专家发表的文章和企业的一些技术资料，编者在此向他们表示诚挚感谢。另外，本书的编写还得到了深圳地铁、南宁地铁等公司的大力支持，在此向提供帮助的有关专家表示衷心的感谢。

由于我国城市轨道交通发展迅速，技术设备也在不断改进更新，书中资料和相关数据与现场车辆设备难免存在差异，加上编者水平有限，书中不足之处在所难免，敬请读者批评指正，以便再版时修订、补充。

编　者

2020年12月

目　录

课题 1　城市轨道交通制动基础知识 ··· 1
 1.1　车辆制动的基本概念 ·· 1
 1.2　城轨车辆制动系统的特点及重要作用 ·· 5
 1.3　制动方式 ·· 7
 1.4　制动模式 ·· 17

课题 2　供风系统 ··· 20
 2.1　供风系统（风源系统）概述 ·· 20
 2.2　空压机组结构及原理 ·· 23
 2.3　空压机组附件 ··· 30
 2.4　空气干燥器 ·· 39
 2.5　风缸及其他空气管路部件 ·· 43

课题 3　基础制动装置 ··· 49
 3.1　踏面制动单元 ··· 49
 3.2　盘型制动装置 ··· 60

课题 4　KBGM 制动系统 ·· 66
 4.1　KBGM 制动系统组成 ··· 66
 4.2　KBGM 制动控制系统作用原理 ··· 77

课题 5　EP2002 制动系统 ·· 79
 5.1　EP2002 制动系统概述 ·· 79
 5.2　EP2002 阀的结构及功能 ·· 81
 5.3　EP2002 制动系统控制原理 ·· 88
 5.4　EP2002 气路原理 ·· 93

| 课题 6 | EP09 制动系统 | 108 |

6.1 EP09 制动系统概述 … 108

6.2 EP09 制动控制单元结构 … 111

6.3 EP09 制动系统控制和作用原理 … 116

6.4 EP09 气路原理 … 120

参考文献 … 125

课题 1

城市轨道交通制动基础知识

1.1 车辆制动的基本概念

【知识目标】
1. 理解车辆制动的基本概念。
2. 掌握列车制动系统的组成以及各部分的作用。

【能力目标】
能够描述列车制动系统的组成以及各部分的作用。

【学习内容】

1. 基本概念

1）制　动

通过人为地外力作用使运动的物体减速（防止其加速）、停止或使静止的物体保持不动，这种作用被称为制动作用，图1.1所示为列车减速或停车示意图。制动的实质是将列车的动能转化成别的能量或转移走。对于城市轨道交通车辆来说，为了使运行中的列车能迅速地减速或停车，必须对它实施制动；为了阻止列车在下坡道时由于列车的重力作用导致的列车速度的增加，也需要对它实施制动；即使列车已经停车，为避免停放的列车因重力作用或风力作用溜车，也需要对它实施制动（又称为停放制动）。

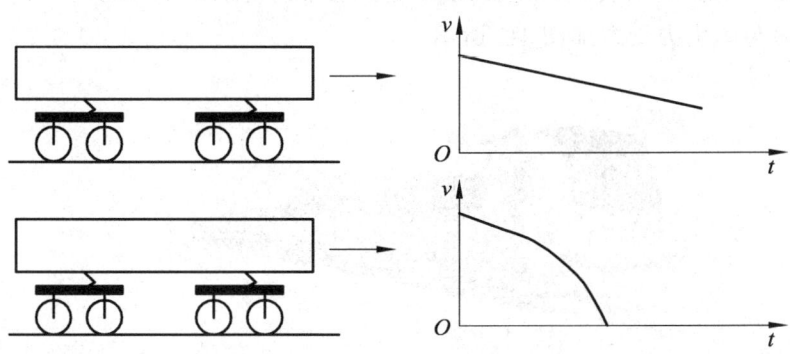

图1.1　列车减速或停车示意图

2）缓　解

对已经施行制动的列车，为了使其重新起动或再次加速，必须解除或减弱其制动作用，这些均可称为制动的缓解。

3）保　压

保压是指在制动过程中的一个压力保持的中间状态，即保持制动缸空气压力不变。这就要求，如果有空气泄漏，制动控制装置能够自动补充压缩空气以维持制动缸压力不变。

3）制动冲击率

制动冲击率是指制动时制动减速度随时间的变化率，本质上是制动力随时间的变化率（力学中，对力的冲击的描述），城轨车辆制动时要求冲击率不得超过 0.75 m/s^3。

4）制动率

车辆制动率是指一台机车或一辆车辆的闸瓦总压力与该机车或该车辆重量的比值。由于地铁车辆乘客上下波动大，对车辆总重影响较大，为了保证车辆在制动时一致性好，要求制动率不变，因此要求地铁制动系统具有空重车自动调整制动力的功能。

5）制动装置

为使列车能实施制动和缓解而安装于列车上的一整套装置，总称为列车制动装置。

机车车辆制动装置又分为机车制动装置和车辆制动装置；城市轨道交通车辆制动装置分为动车制动装置和拖车制动装置。一套列车制动装置至少包括两个部分：

（1）制动控制部分，主要由制动信号发生与传输装置以及制动控制控制装置组成。

（2）制动执行部分，即基础制动装置，主要包括闸瓦制动单元和盘型制动单元。

6）制动力

由制动装置产生的与列车运动方向相反的外力称为制动力。对城市轨道交通车辆而言，制动力是制动时由制动装置产生作用，而引起的钢轨施加于车轮的与列车运行方向相反的力。这是人为的阻力，它比列车在运行中各种自然原因产生的阻力要大很多。虽然列车在制动过程中，列车运行阻力（自然阻力）也在起作用，但起主要作用的还是列车制动力。牵引力是列车运行时由牵引装置产生作用，而引起的钢轨施加于车轮的与列车运行方向相同的力，制动力与牵引力受力如图 1.2 所示。

图 1.2　制动力与牵引力受力方向

7）制动机

制动机是产生制动原动力并进行操纵和控制的部分设备，主要包括制造、储存压力空气的空气压缩机、风缸，以及产生、传递制动和缓解等指令的制动阀等部件。

8）基础制动装置

基础制动装置是传送制动原动力并产生制动力的执行装置，如图 1.3 所示。

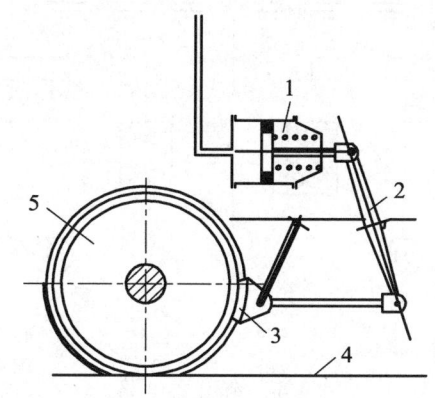

1—制动缸；2—杠杆；3—闸瓦；4—钢轨；5—车轮。

图 1.3　基础制动装置

9）制动距离

制动距离指从司机施行制动的瞬间（将制动手柄移至制动位），到列车速度降为零时，列车所行驶的距离。它是综合反映列车制动装置的性能和实际制动效果的主要技术指标。各个地铁对列车紧急制动距离都有规定：上海地铁城轨列车在 AW3 状态下，对于任何运行初速度，其紧急制动距离不得超过 180 m；广州地铁规定的制动距离见表 1.1。

表 1.1　广州地铁规定的制动距离

初速度/（km/h）	常用制动距/m	紧急制动距/m
80	234	200
60	136	118
40	65	56

2. 列车制动系统

将具有制动功能的电子线路、电气线路和气动控制部分归结为一个系统，即列车制动系统。现代轨道交通车辆的制动系统是由动力制动系统、空气制动系统和指令与通信网络系统三部分组成的。

1）动力制动系统

动力制动系统一般与牵引系统连在一起形成主电路，包括再生反馈电路和制动电阻器，将动力制动产生的电能反馈给供电接触网或消耗在制动电阻器上，牵引主电路如图 1.4 所示。

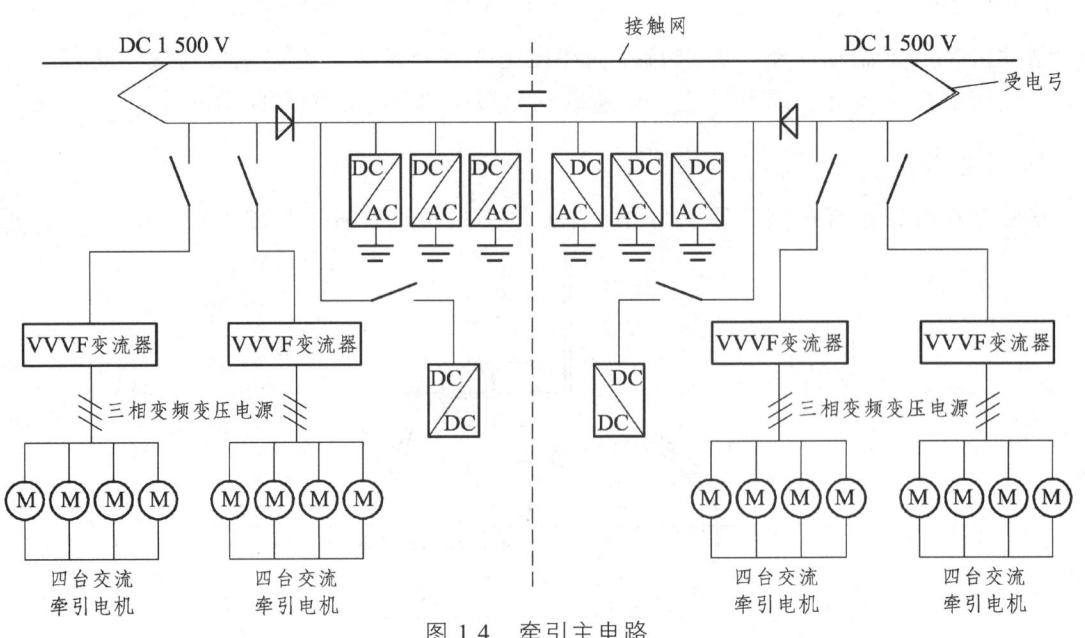

图 1.4 牵引主电路

2）空气制动系统

空气制动系统由供风系统、控制装置和执行装置等组成。供风系统主要包括空气压缩机、双塔干燥器和精细滤油器等部件，其整体如图 1.5（a）所示，它负责为列车储存并提供充足、干燥、洁净、压力合适的压缩空气。控制部分有电子制动控制装置（EBCU）和制动控制装置（BCU），如图 1.5（b）所示。常用的空气制动执行装置是闸瓦制动装置，如图 1.5（c）所示。

  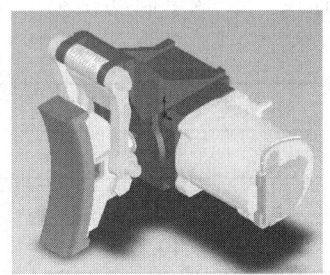

（a）供风系统　　　　　　（b）控制装置　　　　　　（c）闸瓦制动装置

图 1.5 空气制动系统的组成

3）指令与通信网络系统

指令与通信网络系统既是传送司机指令的通道，也是制动系统内部数据交换及制动系统与列车控制系统进行数据通信的总线。

3. 制动能力

列车的制动能力是指该列车的制动系统在规定的安全范围内或规定的安全制动距离

内，可靠地把列车停下来的能力。一般的，城市轨道交通系统都有明确的车辆运行规程，特别是对列车的制动能力有严格的要求和规定。例如，上海地铁规定，列车在满载乘客的条件下，在任何制动初速度下，紧急制动距离不得超过 180 m，这个距离比启动加速距离短得多。因此，从安全的目的出发，一般列车的制动功率比驱动功率大 5~10 倍。从能量的角度看，制动系统转移动能的能力就是制动功率。在一定的制动距离条件下，列车的制动功率是其速度的三次方函数。

【知识拓展】

我国《铁路技术管理规程》(简称《技规》)旧版规定的列车紧急制动距离不超过 800 m，随着列车速度的提高，制动距离的标准也相应延长。在新版的《技规》中列车紧急制动距离按不同情况分别不超过表 1.2 中的规定。

表 1.2 铁路规定的制动距离

类型	初速度/（km/h）	紧急制动距离/m
旅客列车	120	800
	140	1 100
	160	1 400
动车组	200	2 000
	300	3 800
	350	6 500

【思考题】

城市轨道交通列车制动系统主要由哪几部分组成？空气制动系统又由哪几部分组成？

1.2 城轨车辆制动系统的特点及重要作用

【知识目标】

掌握城轨车辆制动系统及其重要作用。

【能力目标】

1. 能够描述城轨车辆制动系统的特点及重要作用。
2. 能够描述制动系统应具备的条件。

【学习内容】

1. 城轨车辆制动系统的重要作用

为了使列车能以一定的速度运行，必须对其实施牵引，同时为了让运行的列车能迅速减速、停车，必须对其实施制动。忽视列车的制动能力，将会影响行车安全，甚至造成生命财产的损失。因此，从这个意义上讲，制动是一个与牵引同样重要、甚至更为重要的问题。

由于制动系统设置的目的是使列车能够按照人的意志减速或准确停车，所以制动系统

的好坏,不仅影响列车的制动效果,而且影响铁路的运营安全。制动系统对铁路运输的重要性体现在以下3个方面:

(1)保证行车安全。

(2)充分发挥牵引力,增大列车牵引重量,提高列车运行速度。

(3)提高列车的区间通过能力。

2. 城市轨道交通及车辆制动的特点

(1)城市轨道交通的每条路线不长,一般在 20~60 km;站距很短,一般都在 1~2 km。例如,南宁地铁 1 号线线路全长 32.1 km,全部为地下线,共设置 25 座车站,平均站间距为 1.34 km,如图 1.6 所示。

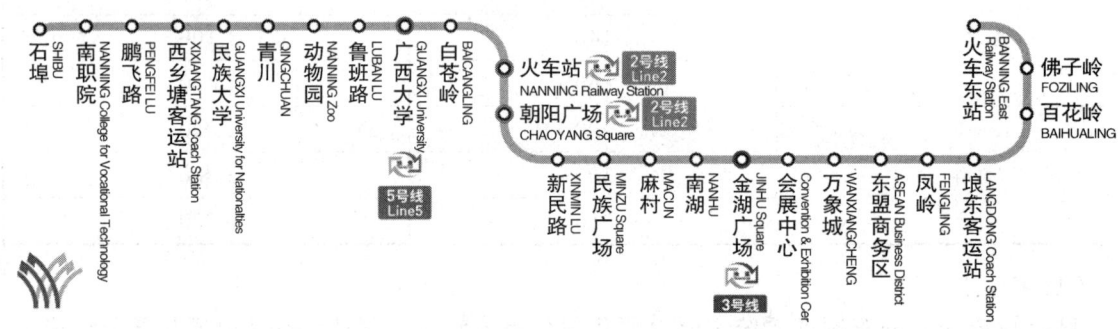

图 1.6 南宁地铁 1 号线

由于站间距离短,列车加速、减速及停车都比较频繁。为了提高运行速度,增加列车运行密度,必须使列车起动快、制动快,制动距离短且停车准确。因此,车辆制动装置应该具有操纵灵活,动作迅速,停车平稳、准确,制动功率和制动力大等特点。

(2)城市轨道列车的乘客量波动大,无乘客时仅车辆自重,满载时列车质量很大。例如,广州地铁 1 号线每辆动车在 AW0 工况下(空载)动车质量为 36 t,而在 AW3 工况下(超载)动车总重为 63.92 t,如表 1.3 所示。

表 1.3 车辆质量　　　　　　　　　　　　　　　　　　单位:t

定义	乘客载荷			车辆质量			列车质量
	A	B	C	A	B	C	
空载 AW0	0	0	0	33	36	36	220
座客载荷 AW1	3.36	3.36	3.36	37.36	41.36	41.36	240.16
定员载荷 AW2	18.60	18.60	18.60	52.60	56.60	56.60	331.60
超员载荷 AW3	25.92	25.92	25.92	59.92	63.92	63.92	375.52

地铁车辆乘客上下波动大,对车辆总重有较大影响,如果制动系统提供的制动力对应的制动极位是一个恒定值的话,那么列车的制动距离将会不可保证。因此,列车在进行制

动的时候，制动系统需要根据列车质量的变化值进行调整，从而实现列车制动距离的准确性以及制动过程的平稳性。

（3）城市轨道电动列车采用电动车组，地铁车辆牵引电传动系统采用先进的调频调压交流感应电机驱动系统，在高速时具有良好的电制动性能。电制动是非摩擦制动，没有摩擦副零件的磨耗和噪声，减少了维护保养的工作量和对环境的污染；使用再生制动材料可以节约能源，具有一定的经济和社会效益。但是电制动的效率随着运行速度的降低而降低（低速时电制动的功能发挥不出来），为了确保安全，在车速降低到一定程度以后必须采用空气制动。

（4）城市轨道交通行车密度大，乘客要求候车时间短，且快速安全，运营时间长，留给轨道线路和车辆的检修作业的时间很短，车辆的日常维修（日检）一般都在夜间进行。

（5）我国拥有轨道交通的城市都是社会经济发展较快，人口密度较大（城区人口 300 万人以上），交通较为拥堵的城市。

3. 制动系统应具备的条件

综合城市轨道交通车辆制动的特点，城市轨道交通车辆的制动系统应满足以下要求：

（1）具有足够的制动能力，保证车组在规定的制动距离内停车。

（2）操纵灵活，反应迅速，停车平稳，车组前后车辆制动、缓解作用一致。

（3）制动系统应包括动力制动（电气制动）和空气制动（机械制动）两种制动方式，并且在正常制动过程中，尽量首先使用动力制动，以减少空气制动对城市的环境污染并降低车辆维修成本。

（4）制动系统应保证列车在长大下坡道上制动时，其制动力不会衰减。

（5）电动车组各车辆的制动能力应尽可能一致，制动系统应根据乘客量的变化，具有空重车调整能力，减小纵向冲动，保证乘客乘坐的舒适性。

（6）具有紧急制动能力。遇有紧急情况时，能使城轨列车在规定距离内安全停车。紧急制动除可由司机操纵外，必要时还可由行车人员利用紧急按钮进行操纵。

（7）城轨列车在运行中，发生诸如列车分离、制动系统故障等危及行车安全的事故时，制动系统应能自动紧急制动。

【思考题】

城轨列车制动系统应具备的条件有哪些？

1.3 制动方式

【知识目标】

掌握制动方式的类型。

【能力目标】

能够描述不同的制动方式。

【学习内容】

制动方式可按制动时列车动能转移方式、制动力获取方式或制动源动力的不同进行分类。

1. 按列车动能转移方式分类

按照制动时列车动能的转移方式不同可以分为摩擦制动、轨道电磁制动和动力制动。

1）摩擦制动

通过摩擦将列车的动能转化为热能,从而产生制动作用。城轨车辆常用的摩擦制动方式主要有闸瓦制动、盘形制动,在速度等级高的列车制动系统中还有磁轨制动。

（1）闸瓦制动,又称踏面制动,它是一种常用的制动方式,适用于 80 km/h 速度等级的城轨列车,如图 1.7 所示。制动时,闸瓦压紧车轮,车轮与闸瓦之间产生摩擦,使列车的动能转变为热能,逸散于大气中。

图 1.7 踏面制动单元

（2）盘形制动,适用于 100 km/h 速度等级的城轨列车,如图 1.8 所示。盘形制动是在车轴上或在车轮辐板侧面安装制动盘,用制动夹钳将合成材料制成的两个闸片紧压到制动盘侧面,通过摩擦把列车动能转化为热能,消散于大气从而实现制动。

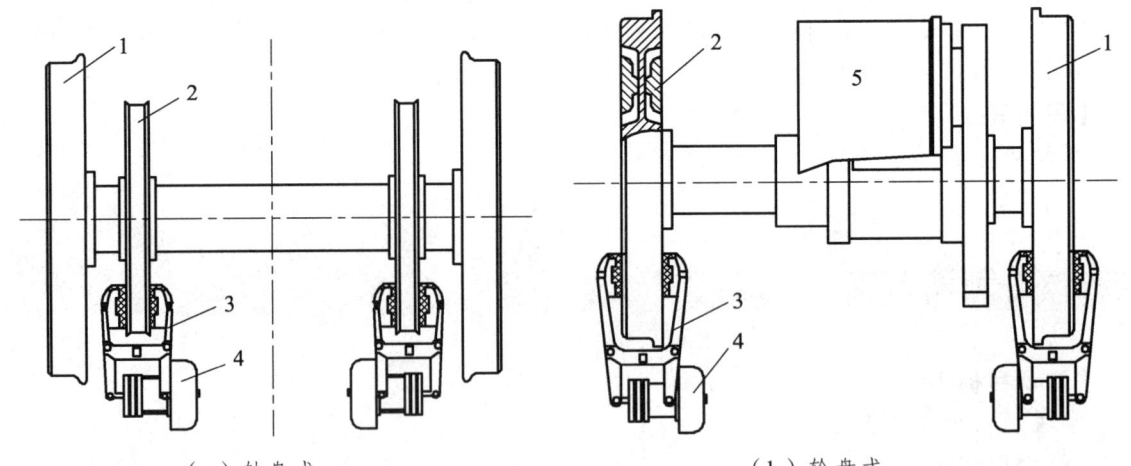

（a）轴盘式　　　　　　　　　　（b）轮盘式

1—轮对；2—制动盘；3—制动夹钳；4—制动缸；5—牵引电机。

图 1.8 城轨列车制动盘

如图 1.9（a）所示，如果制动盘固定在车轴上，称为轴盘式盘型制动，一般拖车大多采用这种结构；如果制动盘连接在车轮上，称为轮盘式盘型制动，如图 1.9（b）所示。在动车（动轴）上，由于两轮之间需要安装牵引电机等其他设备，若不能安装轴盘式盘型制动装置，可考虑采用轮盘式盘型制动装置。

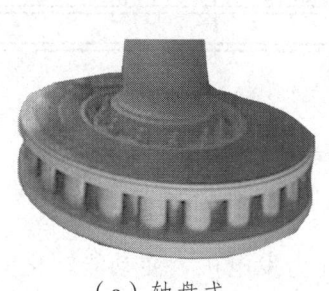

（a）轴盘式　　　　　　　　　　（b）轮盘式

图 1.9　制动盘

2）轨道电磁制动

轨道电磁制动，又叫磁轨制动，如图 1.10 所示。这种制动方式是在转向架前后两轮对之间的侧梁下安装升降风缸，风缸顶端装有一个电磁铁靴。电磁铁靴包括电磁铁和磨耗板。电磁铁靴悬挂安装在距轨面适当高度处，制动时电磁铁靴落下，并接通励磁电源使之产生电磁吸力，电磁铁靴吸附在钢轨上，使磨耗板与轨道摩擦将功能转化为热能从而产生制动，其制动与缓解状态如图 1.11 所示。这种制动方式的优点是不受轮轨间黏着系数的限制，车轮不易滑行，能在保证旅客舒适度的条件下有效地缩短制动距离。但是磨耗板与轨道摩擦会产生很大的热量，对钢轨磨损太大且增加了车辆的自重。

在高速旅客列车上，电磁制动与空气制动并用（特别是在紧急制动时），可缩短制动距离。磁轨制动一般作为辅助制动手段用于高速列车上，也作为一种应急制动方式用在地面轨道交通上（如广州的储能低地板车）。

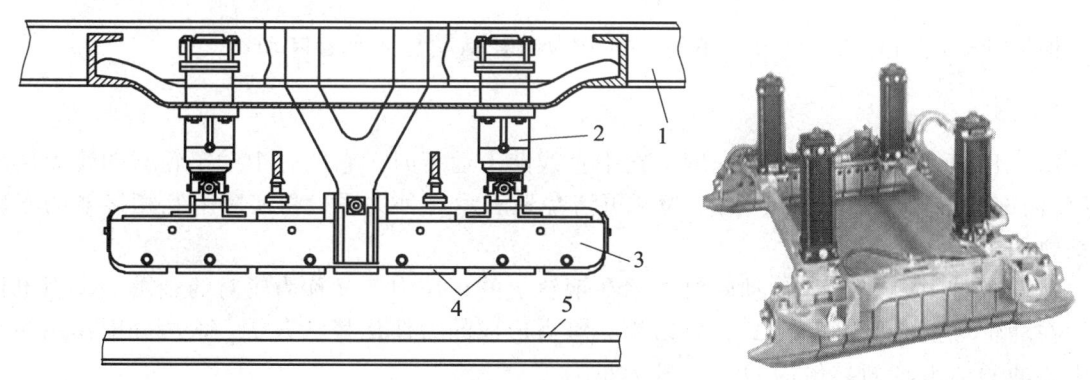

1—转向架构架侧梁；2—升降风缸；3—电磁铁；4—磨耗板；5—钢轨。

图 1.10　磁轨制动

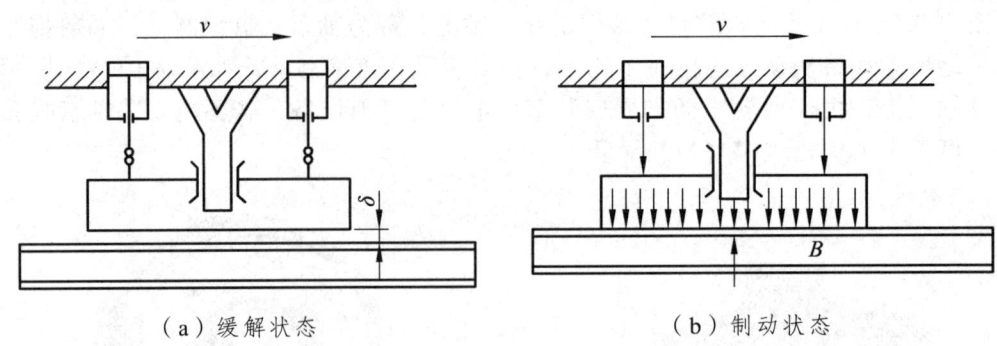

(a)缓解状态　　　　　　　　　(b)制动状态

图 1.11　磁轨制动缓解与制动状态

3)动力制动

动力制动也称电制动。列车制动时,将牵引电机变为发电机,使动能转化为电能,对这些电能的不同处理方式形成了不同的动力制动。城轨车辆上采用的动力制动的形式主要有再生制动和电阻制动,它们都是非接触式制动方式。

(1)再生制动。

再生制动时,动车的电动机转变为发电机,将列车制动产生的电能经过转换,变成直流电输送回车辆供其他负载使用或反馈回电网供给别的列车使用。显然,这种方式既能节约能源,又减小了制动时对环境的污染,并且基本上无磨耗。这是一种较为理想的制动方式,是目前在地铁车辆上普遍采用的一种制动方式。

(2)电阻制动。

在制动时,把列车的动能通过电机转化为电能后,将发出的电能消耗于电阻器上,强迫通风,使热量逸散于大气而产生制动作用。这种制动方式在列车高速时制动力大,低速时效率降低,所以常与空气制动配合使用。电阻制动一般能提供较稳定的制动力,但车辆底架下需要安装体积较大的电阻箱,会增加车辆的自重。

2. 按制动力形成方式分类

根据列车制动力的获取方式不同,可分为黏着制动与非黏着制动。

1)黏　着

图 1.12 所示为某列动车以速度 v 在平直线路上运行时,它的一个动车轮对的受力情况(忽略内部的各种摩擦阻力)。图中为了更清楚地表示各种关系,将实际上互相接触的车轮与钢轨稍稍分开画出。

在图 1.12 中,P_i 为一个动轮对作用在钢轨上的正压力,又称为轮对的轴重。牵引电机作用在动轮对上的驱动转矩 M_i,可以用一对力形成的力偶代替。力 F_i' 和 F_i 分别作用在轮轴中心的 O 点和轮轨接触的 O' 点,其大小为

$$F_i' = F_i = M_i / R_i \tag{1.1}$$

式中　R_i——动轮半径。

在正压力 P_i 的作用下,车轮与钢轨的接触部分紧紧压在一起。

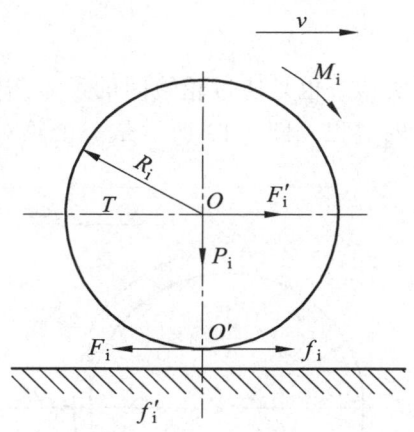

图 1.12　轮对与钢轨受力分析

切向力 F_i 使车轮上的 O' 点具有向左运动的趋势，并通过 O' 点作用在钢轨上。f'_i 表示车轮作用在钢轨上的力，$f_i=F_i$。由于轮轨接触处存在摩擦，车轮上 O' 点向左运动的趋势将引起向右的静摩擦力 f_i，即钢轨对车轮的反作用力，$f_i=f'_i$，f_i 称为轮周牵引力。车轮上的 O' 点受到两个相反方向的力 F_i 和 f_i 的作用，而且 $f_i=F_i$，因此 O' 点保持相对静止，轮轨之间没有相对滑动，在力 F'_i 的作用下，车轮对做纯滚运动。

由于正压力而保持车轮与钢轨接触相对静止的现象称为黏着。黏着状态下的静摩擦力 f_i 称为黏着力。

轮轨间的黏着与静力学中的静摩擦的物理性质十分相似。驱动转矩 M_i 产生的切向力 F_i 增大时，黏着力 f_i 也随之增大，并保持与 F_i 相等。当切向力 F_i 增大到某个数值时，黏着力 f_i 达到最大值。此后，切向力 F_i 如果在增大，f_i 反而迅速减小。实验证明，黏着力 f_i 的最大值 f_{max} 与动轮对的正压力 P_i 成正比，其比例常数称为黏着系数，用 μ 表示，即

$$f_{max}=\mu P_i \tag{1.2}$$

式（1.2）表明，在轴重一定的条件下，轮轴间的最大黏着力由轮轨间黏着系数的大小决定。当轮轨间出现最大黏着力时，若继续加大驱动转矩，一旦切向力 F_i 大于最大黏着力，车轮上的 O' 点将向左移动，轮轨间出现相对滑动，黏着状态被破坏。这时，车轮与钢轨的相对运动由纯滚动变为既有滚动也有滑动。此时，钢轨对车轮的反作用力 f_i 由静摩擦力变为滑动摩擦力，其值迅速减小，并使车轮的转速上升。这种因驱动转矩过大，破坏黏着关系，使轮轨间出现相对滑动的现象，被称为"空转"。当车轮出现空转时，轮轨间只能依靠滑动摩擦力传递切向力，传递切向力的动能大大减小，并且会造成车轮踏面和轨面的擦伤。因此，牵引运行应尽量防止车轮出现空转。因为滑动摩擦系数远小于静摩擦系数，所以一旦发生这种工况，制动力会大大减小，制动距离会延长，危及行车安全。

黏着系数是由轮轨间的物理状态确定的。加大每个动轮对作用在钢轨上的正压力，即增加轴重，可以提高每个动轮对的最大黏着力和牵引力。但是，轴重也受到钢轨、路基和桥梁等各种条件的限制，不可能无限制地增加。城市轨道交通车辆由于采用动车组，动轮对数量比一般铁路列车多，动力和黏着力较为分散，牵引力总量又很容易达到，与铁路列车的动轮对和牵引力都集中在机车头的情况相比，城市轨道交通车辆利用黏着条件相对好很多，这对保护轮轨间的正常作用是很有利的。

2）制动力

制动力的形成与牵引运行类似，也是通过轮轨间的黏着产生的。下面以闸瓦制动为例，说明通过轮轨黏着产生制动力的过程。图 1.13 所示是一个轮对利用闸瓦制动产生制动力的示意图。

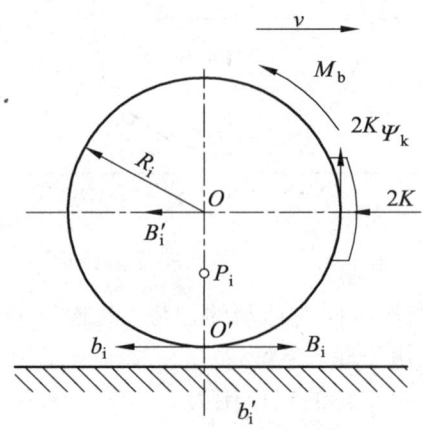

图 1.13　闸瓦制动时轮对与钢轨受力分析

假设一个轮对上有两块闸瓦，在忽略其他各种摩擦阻力的情况下，轮对在平、直道上滚动惰行。若每块闸瓦以力 K 压向车轮踏面，闸瓦和踏面间引起与车轮转动方向相反的滑动摩擦力 $2K\psi_k$（ψ_k 为车轮踏面与闸瓦间的滑动摩擦系数）。对于列车来说该摩擦力是内力，不能使列车减速，但它通过轮轨间的黏着，引起与列车运动方向相反的外力，以此来实现列车的减速或停车。

摩擦力 $2K\psi_k$ 对车轮的作用效果，相当于制动转矩 M_b，即

$$M_b = 2K\psi_k R_i \tag{1.3}$$

用类似牵引力形成的分析方法，转矩 M_b 可以用轴心和轮轨接触处的力偶（B_i、B_i'）代替。力偶的力臂为车轮半径 R_i，作用力 $B_i = B_i' = M_b/R_i = 2K\psi_k$。轮轨接触处因轮对的正压力 P_i 而存在黏着，切向力 B_i 将引起钢轨对车轮的静摩擦反作用力 b_i，$b_i = B_i = 2K\psi_k$。b_i 作用在车轮踏面的 O'，作用方向与列车运行方向相反，是阻止列车运行的外力，称为制动力。制动力 b_i 也是轮轨间的黏着力，因而也受到黏着条件的限制，即

$$b_i \leq P_i \mu_i \tag{1.4}$$

式中　P_i——动车或拖车轮对的轴重；

　　　μ_i——制动时轮轨间的黏着系数。

整个列车的总闸瓦制动力为所有轮对闸瓦制动力之和，即

$$B = \Sigma b_i \tag{1.5}$$

制动力的大小可以采用增加或减小闸瓦压力来调节，但不得大于黏着条件所允许的最大值。否则，车轮被闸瓦"抱死"，车轮与钢轨间产生相对滑动，车轮的制动力变为滑动摩擦力，数值立即减小，这种现象称为"滑行"，是与牵引时的"空转"相对应的一种黏着状态被破坏的现象。滑行时，制动力大大下降，制动距离增加，还会造成车轮踏面与轨面的

擦伤，因此也应尽量避免。

动力制动产生制动力的过程与摩擦制动基本类似，只是制动转矩是由电机（这时电机处于发电状态）产生的，而不是由闸瓦产生的（都是通过轮轨黏着产生的）。因此，牵引力、摩擦制动力和动力（电气）制动力都是黏着力，它们与黏着关系密切。充分利用好黏着条件，不仅是牵引必须注意的，对于制动来说也同样重要。

唯一不受黏着条件限制的制动是电磁制动。磁轨制动应用最多的是高速列车以及磁悬浮列车，也用于欧洲的轻轨车辆或有轨电车紧急制动。

3）影响黏着系数的因素

目前，轨道黏着系数的研究主要依靠试验，不同的轨道，黏着系数不同，需要经过大量试验和试验数据的计算分析才能得到。试验分析表明，影响黏着系数的主要因素有以下几项。

（1）车轮踏面与钢轨表面状态。

干燥、清洁的车轮踏面与钢轨表面，它们的黏着系数高（可达 0.3）；如果踏面与轨道受到污染，则黏着系数下降很大，受到雨雪浸湿的轨面，其黏着系数仅为 0.12。对城市轨道交通来说，地铁、轻轨和有轨电车的轨面由于所处环境的不同，其黏着系数有着巨大的差别。晴天里，地面的轨面要比潮湿隧道里的轨面黏着系数高；但雨雪天气里，隧道里的轨面黏着系数反而比地面的要高。冰霜凝结的轨面或被小雨打湿的轨面，黏着系数非常低，但大雨冲刷、雨后生成的薄锈却使黏着系数大大增加。油的污染会使轨面黏着系数下降，撒砂则能使轨面黏着系数增加。

（2）线路质量。

钢轨越软或道床下沉越大，轨面的黏着系数越小；钢轨不平或直线地段两侧钢轨顶不在同一水平面上，以及动轮所处位置的轨面状态不同，都会使黏着系数减小。

（3）车辆运行速度和状态。

车辆运行速度增高，加剧了动轮与钢轨的纵向和横向滑动及车辆振动，使黏着系数减小。特别是在车轮和钢轨表面被水污染的情况下，黏着系数随速度增加而急剧下降。车辆运行中由各种因素导致轴重转移，也会影响黏着系数。例如，车辆过弯道时，造成车辆车轮一侧加载，另一侧减载，使黏着系数大幅度下降，曲径半径越小，黏着系数下降就越多。牵引和制动工况对黏着系数也有一定影响，牵引时的黏着系数要比制动时大一些。

4）改善黏着的方法

改善黏着的方法主要有两种：
① 修正轮轨表面接触条件，改善轮轨表面不清洁状态。
② 设法改善轨道车辆的悬挂系统，以减轻轮对减载带来的不利影响。
常用的改善黏着的措施：从车辆上向钢轨撒砂；用机械或化学方法清洗钢轨、打磨钢轨；改进闸瓦材料，如用增黏闸瓦；改善车辆悬挂，减小轴重转移等。

3. 按制动原动力分类

在目前列车所采用的制动方式中，制动的原动力主要有压缩空气和电磁力。以压缩空气为原动力的制动方式称为空气制动,如闸瓦制动、盘形制动等都是空气制动方式。以电磁力为原动力的制动方式称为电制动,如动力制动、轨道电磁制动、轨道涡流制动、旋转涡流制动等均为电制动。另外还有其他的一些制动方式,如机械制动、液压制动、翼板制动等。

1)空气制动

空气制动是以压缩空气为动力来源,用空气压力来控制单元制动机将闸瓦(闸片)压到车轮踏面(制动盘)产生摩擦力实施制动。

2)电空制动

电空制动是以压缩空气作为动力来源,用电操纵的制动方式。一般是在空气制动机的基础上加装电磁阀等电气控制部件,用电来操纵制动机的作用。它可以提高列车前后部车辆制动和缓解作用的一致性,减少车辆间的冲击,使制动距离显著缩短。许多高速列车都采用这种制动机。为防止电控系统发生故障使列车失去制动控制,现今的电空制动机仍保留着压缩空气操纵装置,以备在电控系统发生故障时,能自动地转为压缩空气操纵。城市轨道交通车辆电空制动机有 DK 型电空制动机、KBGM(德国 KNORR 公司)和 KBWB(原英国 Westinghouse 公司)模拟式电空制动机、SD 数字式电空制动机、架控式 EP2002 型和 EP09 型制动机等。

3)轨道涡流制动(又称线性涡流制动或涡流式轨道磁制动)

如图 1.14 所示,轨道涡流制动与磁轨制动很相似,也是把电磁铁悬挂在转向架构架侧梁下面同侧的两个车轮之间。轨道涡流制动的电磁铁在制动时放到离轨面 7~10 mm 处而不与钢轨发生接触。在钢轨内产生交变的磁场,使钢轨头部产生涡流,涡流与电磁铁相互作用,产生一个垂直于钢轨面的吸引力和一个与车辆运行方向相反的制动力。垂直于轨面的力可增加车辆的黏着力,与车辆运行方向相反的力就是电磁涡流制动力。但轨道涡流制动如果要得到很大的涡流制动力,则需要庞大的制动装置。目前,这种轨道涡流制动装置在上海磁悬浮列车的制动控制系统中有应用。

优点:不受黏着限制,没有磨耗问题。

缺点:消耗电能多,约为磁轨制动的 10 倍,电磁铁发热量大,轨道升温对运行安全产生直接影响,还会影响轨道信号的传输,只能作为高速列车紧急制动时的一种辅助制动方式。

4)旋转涡流制动

旋转涡流制动是在车轴上安装金属盘,电磁铁固定在转向架上,并应防止其转动。制动时金属盘在电磁铁形成的磁场中旋转,盘的表面感应出涡流,圆盘产生与转动方向相反的制动力,原理如图 1.15 所示。图中的感应盘按顺时针转动,如果磁极 S 和磁极 N 靠近感应盘,根据右手法则可知在感应盘上有涡流产生;根据左手法则可知,圆盘受到的涡流产生的洛仑兹力方向为逆时针。这种制动方式的特点是没有制动圆盘与闸片之间的磨耗,制动时还需受到轮轨黏着系数的限制,没有摩擦部件而有利于实现无维修化,但在低速时制动力会急剧衰减。此外,由于是通过在盘中产生涡流来得到制动力的,所以高速时制动产生的热量很大,因此在盘的中间设有散热孔。

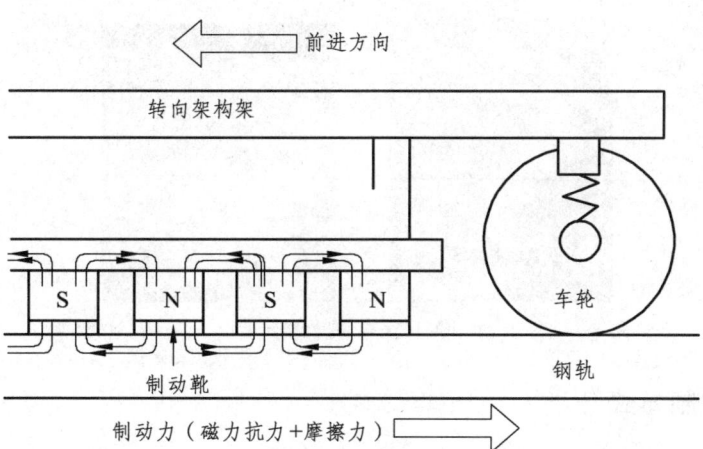

图 1.14 轨道涡流制动原理图

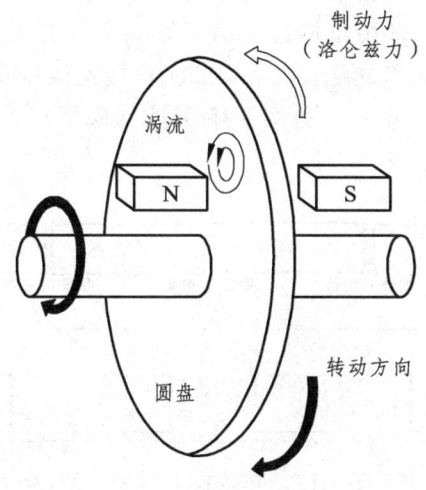

图 1.15 旋转涡流制动原理

5）液压制动

为了确保行车安全，在高速动车组上都装有传统的空气制动系统。但是空气制动系统有质量大、体积大和响应速度慢等缺点。为了实现轻量化和高响应特性，将空气制动部件改进为液压部件。与空气制动相比，质量可减小 1/3，如北京地铁机场线采用了电液盘型制动和磁轨制动混合制动，芜湖跨座式单轨列车上采用了液压制动。

6）翼板制动

翼板制动尚处于试验之中，是一种从车体上伸出翼板来增加空气阻力的制动方式。图 1.16 为翼板制动示意图，若翼板的安装位置适当，动车组运行时的空气阻力可增加 3～4 倍。2006 年，日本研制出利用空气动力制动的 Fastech 360S 和其改进 Fastech 360Z 型，并已通过 400 km/h 的安全测试，装有空气动力制动装置的列车制动距离在速度 360 km/h 与 275 km/h 时大致相同。

图 1.16 翼板制动

4. 按制动控制方式分类

制动系统制动力的控制以单辆车、转向架或者车轴为最小单元进行控制称为总体控制方式，制动过程中根据制动力最小控制单元的不同，对应的控制方式是不一样的。总体控制方式有车控、架控和轴控三种形式。以单辆车、转向架或车轴为制动力最小单元的控制分别称作车控、架控和轴控。采用车控方式时，每辆车具有 1 个制动控制单元（BCU），以车辆为单位进行制动力的计算和分配。每个 BCU 直接连接至车辆总线（如 MVB 总线等）上，各车直接接收列车的制动指令，适用于牵引控制采用车控形式的车辆进行制动力的混合分配，如图 1.17 所示。

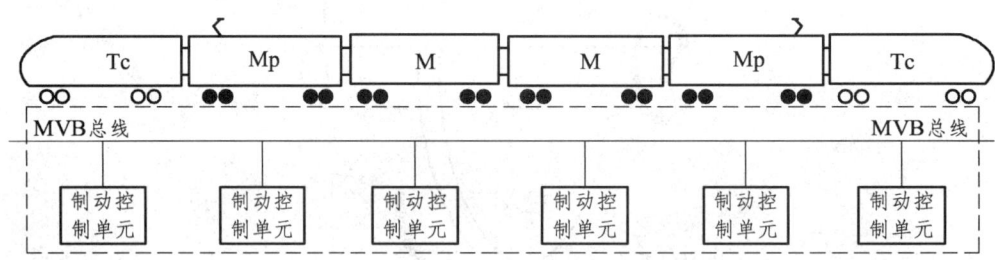

图 1.17 车控制动控制系统

采用架控方式时，每辆车具有两个架控制动单元，以转向架为单位进行制动力的计算和控制。其中部分架控制动单元具有网关功能，负责接收制动指令以及向其他架控单元输出制动信息。其他无网关功能的架控制动单元，通过内部 CAN 总线从具有网关功能架控制动单元获取制动指令。架控制动控制主要是针对同时配有动力转向架和非动力转向架的车辆的，它是以转向架为单元的电制动与空气制动混合控制；也比较适合牵引系统采用架控控制的车辆或者短编组列车，能够充分发挥每个转向架的电制动能力和黏着利用率。架控以 EP2002 和 EP09 为典型，其布局如图 1.18 所示。

KNORR、中国铁道科学研究院集团有限公司（铁科院）、FAIVELEY 公司和 NABTESCO 公司已推出架控制动产品，但技术实现各不相同。KNORR 公司生产的 EP2002 型制动系统和铁科院生产的 EP09 型制动系统，都取消了与原来制动控制独立的空气防滑阀控制，通过气动阀实现制动压力和空气防滑一体化控制。而 FAIVELEY 公司和 NABTESCO 公司的架控控制技术理念是采用每个轴上仍保留独立的防滑阀的控制方式，制动控制部分在车控基础上实现了小型化。

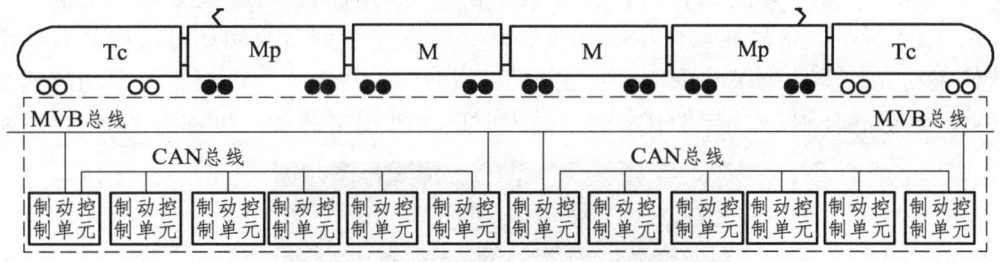

图 1.18　架控制动系统布局

【思考题】

空气制动与电空制动的区别是什么?

1.4　制动模式

【知识目标】

区分不同的制动模式。

【能力目标】

能够描述不同的制动模式的特点。

【学习内容】

1. 制动模式

制动系统具有 5 种制动模式,如表 1.4 所示。城轨列车制动模式设计为可恢复制动和不可恢复制动。可恢复制动就是在任何时候,操作人员均可缓解的制动;不可恢复制动就是列车停止才能缓解的制动。

表 1.4　5 种制动模式

序号	制动模式
1	常用制动
2	紧急制动
3	快速制动
4	保持制动
5	停放制动

2. 制动模式对比

1)常用制动(SB)

常用制动是正常运行时,为调整或控制列车速度,包括进站停车所实施的制动,是制动系统最常使用的一种制动模式。由司机将司控器手柄置于常用制动位或 ATO(列车自动驾驶系统）施加。如手动施加，需将司控器手柄移至制动位，制动设置点与手柄位置成比例，如图 1.19 所示。常用制动作用缓和且制动力可以连续调节，制动过程中具有防滑保护和载荷修正功能，受冲击率的限制，冲击率不得超过 0.75 m/s^3，可恢复，平均减速度设计为 1 m/s^2，电空混合制动。当常用制动力最大时即为常用全制动，也称为 100%常用制动。

图 1.19　司控器手柄

2）紧急制动（EB）

紧急制动（EB）是在紧急情况下或者其他意外情况时，为使列车尽快停车而实施的制动。紧急制动是由列车的紧急制动环路触发，最终由空气制动的基础制动装置执行，是一个由安全回路控制的纯空气制动模式。紧急制动的特点是作用比较迅速、纯空气制动、不可恢复，其平均减速度设计为 1.2 m/s^2。紧急制动时考虑了脱弓、断钩、断电等故障情况，故只采用空气制动，而且停车前不可缓解，在尽可能减小冲动的情况下不对冲动进行具体限制。

3）快速制动（FB）

快速制动是为了使列车尽快停车而实施的制动，快速制动也称非常制动。当司机主控制器位于快速制动位时，列车施加快速制动。快速制动减速的设计与紧急制动减速度相当，但是不断开安全回路，其制动力高于常用全制动（上海、广州地铁快速制动力高于常用全制动 22%）。其特点是制动过程主控制器手柄回"0"位，可缓解，冲击率不超过 0.75 m/s^3，采用电空混合制动，具有防滑保护和载荷修正功能。

4）保持制动

对于地铁列车来说，通常把停车前的这一段空气制动过程称为停车制动或保持制动。当停车制动使列车减速到极低速度以后，为减小冲动，制动力会有所降低。上海和广州地铁是在减速至 4 km/h 左右时，一个小于制动指令使制动力降至最大制动指令的 70%。停车制动具有常用制动的特点。

5）弹簧停放制动（PB）

为防止车辆在线路停放过程中，发生溜车；或是解决在库内停车时，制动缸压力因管路漏泄，无压缩空气补充而逐步下降到零，使车辆失去制动力的问题，城轨车辆设置了停放制动装置。停放制动通常是将弹簧停放制动器的弹簧压力通过闸瓦作用于车轮踏面来形成制动力。在正常情况下,弹簧力的大小不随时间而变化,由此获得的制动力能满足列车长时间断电停放的要求。对弹簧停放制动的停放制动缸充气时,停放制动缓解;给停放制动缸排气时,停放制动施加;停放制动还具有手动缓解的功能。

【思考题】
1. 快速制动与紧急制动的区别是什么?
2. 紧急制动与常用制动的区别是什么?
3. 常用制动与快速制动的区别是什么?

供风系统

2.1 供风系统（风源系统）概述

【知识目标】
1. 了解供风系统的组成及各部分的作用。
2. 掌握空压机工作原理。

【能力目标】
能够识别供风系统气路图。

【学习内容】

1. 供风系统的作用

供风即供气，供给压缩空气。压缩空气在现场通常被称为"风"，所以会有风管、风路、风压、风口、风表、风缸等称呼。

供风系统在整个列车空气管路系统中属于 A 组。城轨列车以单元进行编组，所以供风系统也是以单元来供风的。一般 6 辆编组的列车设置 2 套风源系统，分别布置到每个单元的 Tc 车或者 M 车上，相邻两车的主风管通过截断塞门和软管相连。

供风系统为各个用风系统提供符合系统要求的干燥压缩空气。它不仅针对空气制动系统，而且也为其他用气系统提供气源，如受电弓气动控制设备、汽笛（风喇叭）、空气弹簧、气动车门、刮雨器、车钩操作气动控制设备等。供风系统给用风设备供风存在优先级：第一级，供风系统无条件的为制动系统供风，以确保列车随时能够施加制动，从而保障运营的安全，同时也为汽笛、受电弓执行机构和车钩连接设备供风；第二级，只有当主风管的压力大于空气悬挂系统溢流阀的开启压力值时，才给空气悬挂系统供风。

2. 供风系统的组成

供风系统主要由空气压缩机、冷却器、空气干燥器、风缸、过滤器、安全阀、压力开关等其他管路部件组成。环境中的空气通过空气过滤器进入空气压缩机，压缩后经过空气干燥器单元、油过滤器，使压缩空气的湿度及含油量满足使用要求。

典型的供风系统的组成如图 2.1 所示。供风系统采用模块化设计,吊挂于车辆底架下部,如图 2.2 所示。

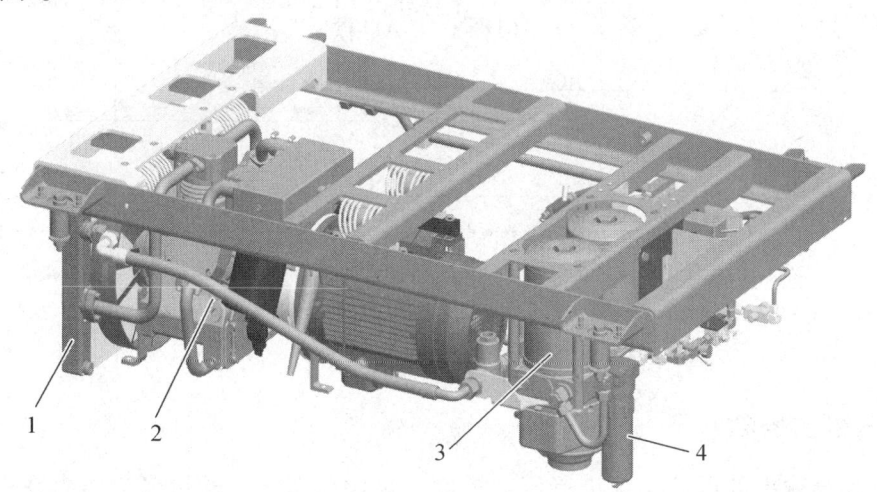

1—冷却器;2—空压机;3—双塔式干燥器;4—油过滤器。

图 2.1 供风系统的组成

图 2.2 供风系统在车辆上的安装位置

3. 供风系统的作用机理

空气压缩机组产生压缩空气,由冷却器冷却后,进入空气干燥器净化、干燥,净化后的压缩空气经过精细过滤器进一步过滤,然后进入总风管,进而经过车钩向相邻列车传输。列车的每节车从总风管获取本车所需要的压缩空气,储存在本车的总风缸供本车使用。典型的供风系统气路如图 2.3 所示。

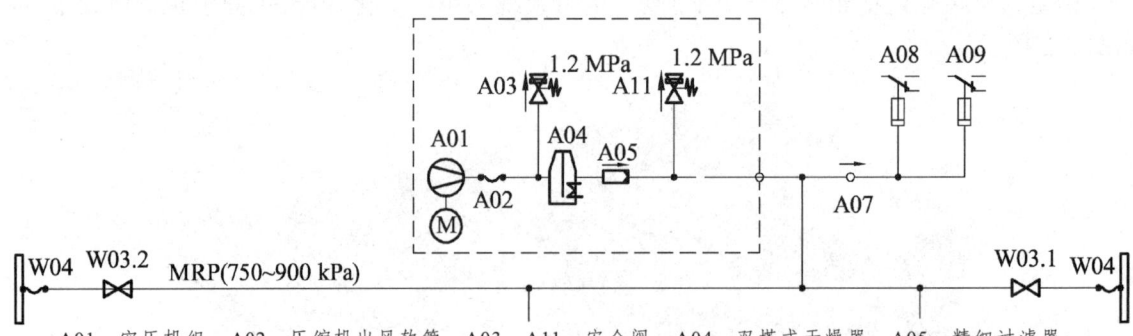

A01—空压机组；A02—压缩机出风软管；A03，A11—安全阀；A04—双塔式干燥器；A05—精细过滤器；
A07—测试端口；A08，A09—压力开关；W03.1，W03.2—主风管塞门；W04—车钩连接软管。

图 2.3　供风系统气路

4. 空压机的控制

对供风系统输出的压缩空气进行压力控制，也称为调压。总风管的压力在不同的产品中有所不同，常用的压力有以下几种。

（1）650～800 kPa。
（2）750～900 kPa。
（3）850～1 000 kPa。

某地铁一号线主风管的压力范围是 750～900 kPa，调压是通过调压器输出的控制信号控制空压机的启动和停止。调压器即压力开关（压力继电器）。在采用微机控制技术后，空压机的启停由网络计算机或者是制动计算机控制。总的原则是，在任何情况下，主风管压力达到（900±20）kPa 时，空压机将停止打风。

正常模式：列车两台压缩机的启停由 TCMS（列车控制及管理系统）进行管理。TCMS 通过 Tc 车总风压力传感器接收总风压力信号，根据总风压力值对空压机进行启停控制。两台压缩机采用隔日启动的方式，以保证列车上两套空压机工作时间均衡。单台空压机的设计负荷能满足整车的要求，当有一台空气压缩机出现故障时，车组列车仍能正常运营，列车性能不会受到影响，但仍在工作的那台空气压缩机输出加倍。在列车激活后首次打风，两台空压机一起工作，主风管压力达到（900±20）kPa 时，停止打风；当主风管压力下降为 750 kPa 时，由 TCMS 控制一台主空压机打风，主风管压力上升到 900 kPa 时，停止打风；当主风管压力下降为 700 kPa 时，由 TCMS 控制两台空压机同时打风，主风管压力上升到 900 kPa 时，停止打风。

降级模式：TCMS 控制无效，当主风管压力下降为（700±20）kPa 时，由压力开关控制两台空压机同时打风，压力开关与网络并联控制，对空压机启停自动进行备用控制；当主风管压力上升到 900 kPa 时，停止打风。

此外，在司机操纵台上设置有强迫泵风按钮，可以硬线控制空压机启动。强迫泵风按钮如图 2.4 所示。

图 2.4　强迫泵风按钮

【实践与训练】

项目任务工作单

工作单	风源系统的组成和作用
能力训练	

1. 标出下图中各部件的名称并写出列车上的用风设备有哪些。

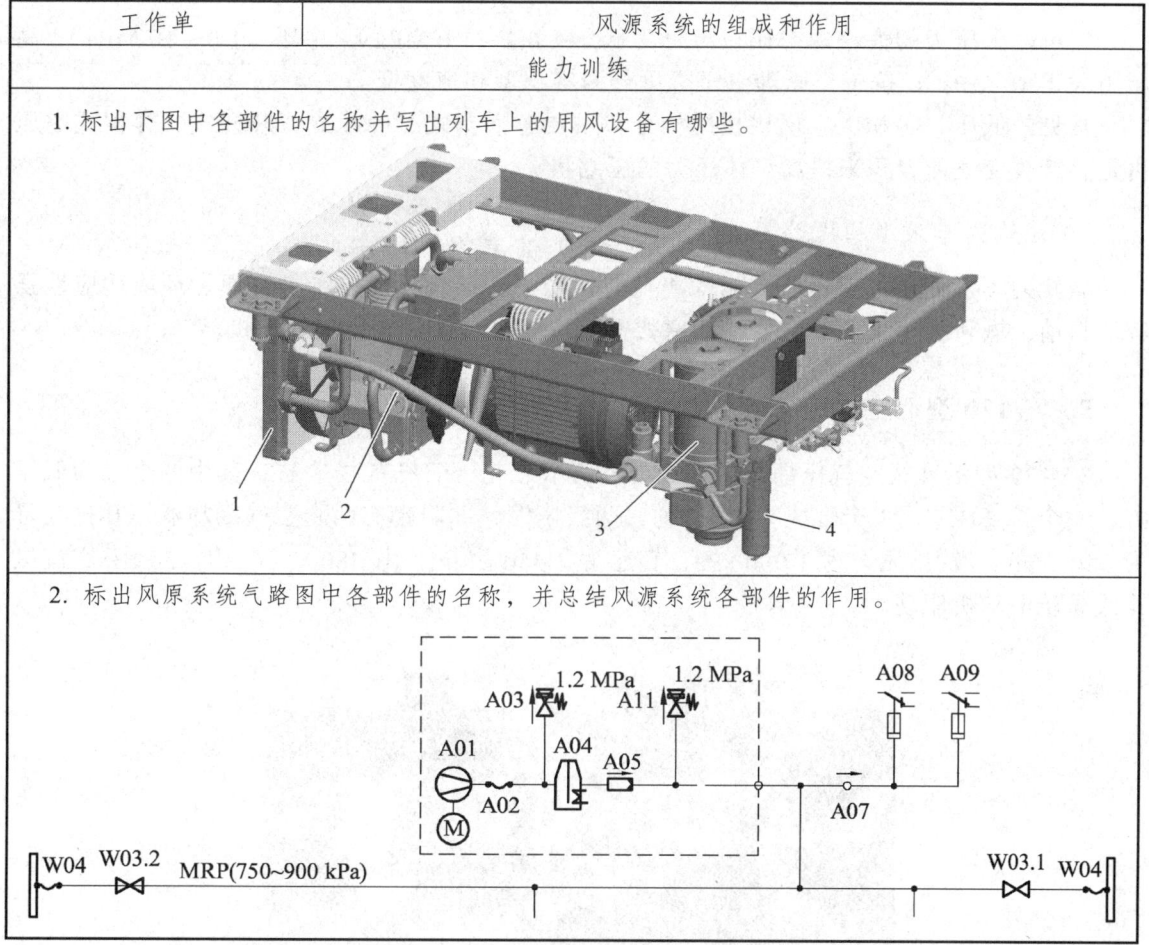

2. 标出风原系统气路图中各部件的名称，并总结风源系统各部件的作用。

2.2 空压机组结构及原理

【知识目标】
1. 掌握空压机组的组成。
2. 掌握空压机的工作原理。

【能力目标】
能够描述空压机组的组成及工作原理。

【学习内容】

1. 空压机

空气压缩机（Air Compressor）是气源装置中的主体，它是将原动机（通常是电动机）

的机械能转换成气体压力能的装置,是压缩空气的气压发生装置。

1)空气压缩机的类型

按可输出压力的大小,空压机可分为低压(0.2~1.0 MPa)、中压(1.0~10 MPa)、高压(大于 10 MPa);按工作原理空压机可分为容积型和速度型。

常见的低压、容积型空压机按结构分,主要有活塞式、叶片式、螺杆式。容积式空压机是直接改变气体容积来提高气体压力的压缩机。

2)城轨列车采用的压缩机要求

城轨列车上使用的空压机要求噪声低、振动小、结构紧凑、维护方便、环境适应性强等。目前,城轨列车采用的主要是活塞式空气压缩机和螺杆式空气压缩机。

5. VV120 型活塞式空气压缩机

VV120 型活塞式空气压缩机,如图 2.5 所示。此压缩机有 3 个缸,其中两个缸为低压缸,一个为高压缸,3 个缸成 W 形排列,两级压缩,并附带有两个空气冷却器,其排气量为 920 L/min,输出压力为 1 000 kPa,转速为 1 450 r/min,由 380 V、三相、50 Hz 交流鼠笼式异步电动机驱动。

图 2.5　VV120 型活塞式空气压缩机

1)构造组成

VV120 型活塞式空气压缩机结构如图 2.6 所示,它主要由固定机构、运动机构、进/排气机构、中间冷却装置和润滑装置等组成。其中,固定机构包括机体、气缸、气缸盖;运动机构包括机轴、连杆、活塞;进排气机构包括空气过滤器、气阀;冷却装置包括中间冷却器、后冷却器和带有黏性联轴器的散热风扇。其特征为:3 个气缸,W 形构造,两级密封、低噪声、低振动;优化的浸油润滑式闭合循环油路;无磨损、扭转刚性离合器;带黏液耦合器的风扇叶轮;内置式大功率干式空气滤清器;新式的免维护弹性支座;紧凑型自承式的法兰,模块式结构。

带有黏性联轴器的散热风扇,能够根据环境温度和压缩机出口温度,进行连续并且相互独立的冷却控制,从而确保压缩机在合适的工作温度下运行。

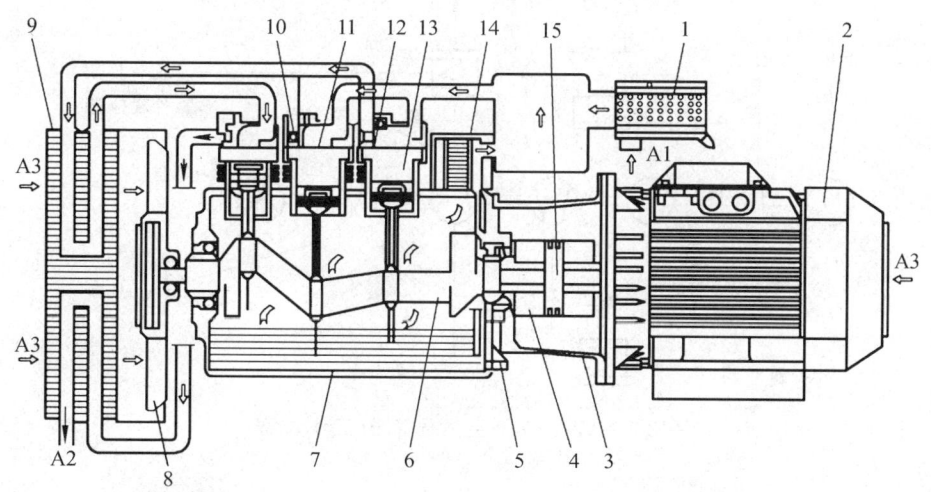

1—进风口过滤器;2—电动机;3—过滤法兰;4—波纹管联轴节;5—油位指示器管;6—曲轴;7—曲轴箱;
8—风扇叶轮;9—冷却器;10—出风阀;11—吸入阀;12—安全阀;13—气缸;14—集油箱;
15—柔性联轴节;A1—进风口;A2—出风口;A3—冷却空气

图2.6　VV120型活塞式空气压缩机的结构

2)工作原理

电机通过联轴器驱动空压机曲轴转动,曲柄连杆机构带动高、低压缸活塞同时在气缸内做上下往复运动。轴颈以及活塞和气缸均采用喷射润滑油的方法进行润滑。连杆浸入油池中,在每次转动时即会被润滑。润滑油会自流回油池中,无须附加装置如滤油器、油泵或者阀门。通过两侧安装的油位指示器管可以准确地读取曲轴箱中的油位。

当低压活塞下行时,活塞顶面与缸盖之间形成真空,经空气滤清器的大气推开进气阀片进入低压缸,此时排气阀在弹簧和中冷器内空气压力的作用下关闭。

当低压活塞上行时,气缸内的空气被压缩,其压力大于排气阀片上方压力与排气阀弹簧的弹力之和时,压缩排气阀弹簧而推开排气阀片,具有一定压力的空气被排出缸外,而进气阀片在气缸内压力及其弹簧的作用下关闭。

两个低压缸送出的低压空气,都经气缸盖的同一通道进入中冷器冷却后,再进入高压缸,进行二次压缩,压缩后的空气经二次冷却器再次冷却以达到空气干燥器所允许的温度水平。

微课堂——VV120型活塞式空压机作用原理

VV120型空气压缩机工作过程如图2.7所示。

3. 螺杆式空气压缩机

以某地铁为例,介绍SL20型螺杆式空气压缩机组,其空气压缩机组整体结构如图2.8所示。

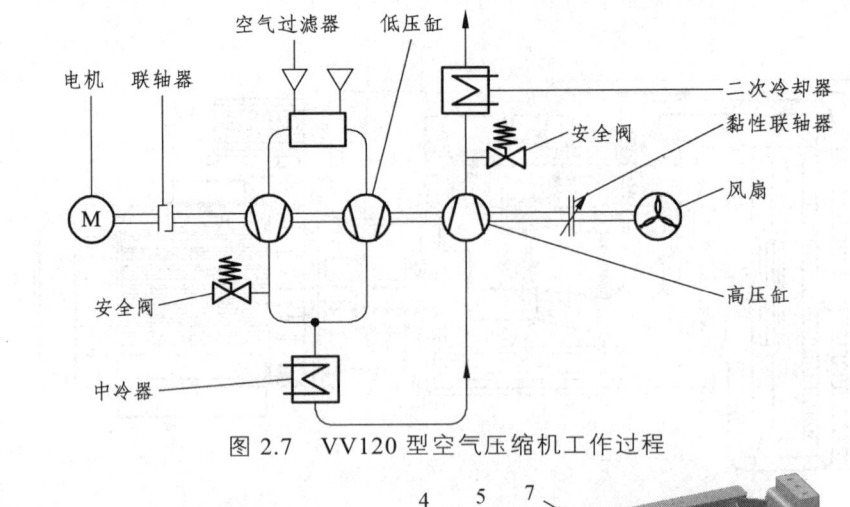

图 2.7　VV120 型空气压缩机工作过程

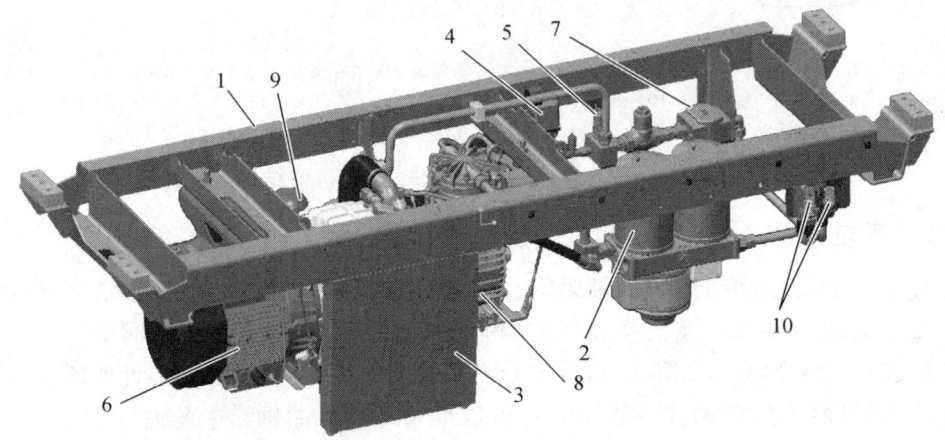

1—吊架；2—双塔干燥器；3—冷却器；4—压力监控器；5—安全阀；6—电动机；7—微油过滤器；
8—空压机机体；9—空滤器；10—电气连接器。

图 2.8　SL20 型螺杆式空气压缩机组结构

1）SL20 型螺杆式空压机结构

SL20 型螺杆式空气压缩机组主要由驱动装置、空气压缩机体、冷却装置、空气净化装置和吊架组成（见图 2.9），它们利用模块化结构设计，用螺栓连接在一起组成一个紧凑单元，整体吊挂在车体底架上。SL20 型螺杆式空气压缩机由 AC 380 V/50 Hz 交流电动机驱动。压缩机机头（螺杆转子单元）是螺杆空压机的核心，它是一对相啮合的螺杆，如图 2.10 所示。其中，阳螺杆（通常作主螺杆）为凸形不对称齿，而阴螺杆（常用作从动螺杆）为瘦齿形弯曲齿。两螺杆的齿断面形线是专门设计并经过精密磨削加工的，在啮合过程中两齿间始终保持"零"间隙密贴，形成空气的挤压空腔。

2）SL20 型螺杆式空压机的工作原理

空气经过空气滤清器、进气阀板和压缩弹簧的止回阀功能组进入压缩机单元的进气侧。空气通过固定在压缩机单元上的压力套管被压入压缩机单元外壳内。

压缩机启动后，最小压力阀先关闭，使压缩机单元外壳内迅速建立起压力，实现油路循环。

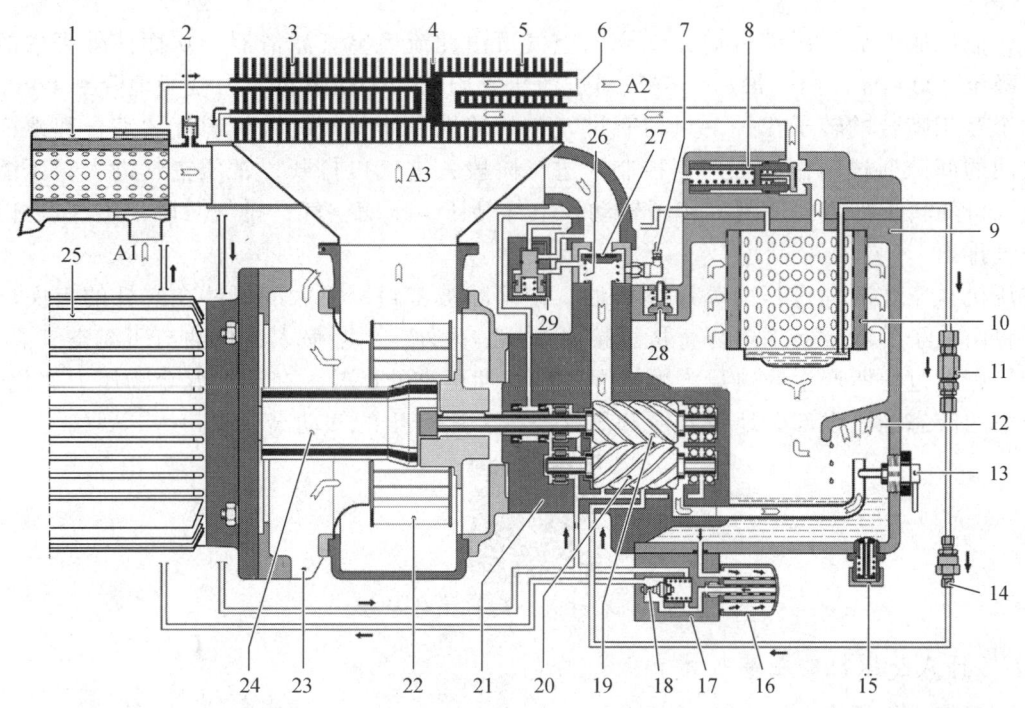

1—空气滤清器；2—真空指示器；3—油冷却器；4—冷却器；5—空气冷却器；6—冷却空气出口；7—压力开关；
8—最小压力阀；9—压缩机外壳；10—油细分离器；11—吸油管道过滤器；12—折流板；13—温度开关；
14—止回阀；15—卸油阀；16—油过滤器；17—温控阀；18—温控元件；19—主转子；20—副转子；
21—压缩机单元；22—离心式风扇；23—中托架；24—联轴器；25—电机；
26—压缩弹簧；27—进气阀板；28—安全阀；29—泄油阀；
A1—进风口；A2—压缩空气出口；A3—冷却空气。

图 2.9　SL20 型螺杆式空气压缩机组

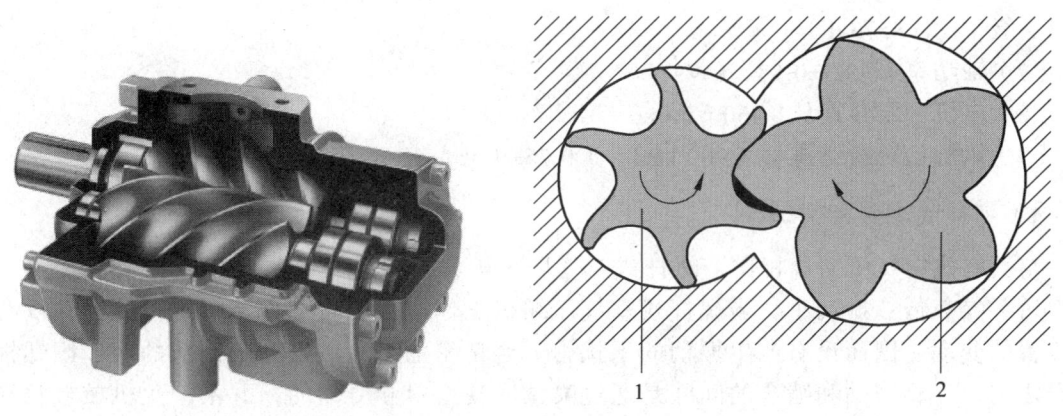

1—阴螺杆；2—阳螺杆。

图 2.10　螺杆式压缩机螺杆及啮合状态

当压缩机外壳内的压力达到约 650 kPa 时，最小压力阀开启，压缩空气进入下游管路。如果在达到关闭压力时，压缩机组停止运转，则最小压力阀关闭，以防止被压缩的空气从下游管路中回流到压缩机外壳内。

每次关断压缩机组后，压缩机外壳都通过泄压阀自动泄压。压缩机组停止运转后，最小压力阀和进气阀板首先关闭。接着，进气管道内的压力由于来自压缩机单元的回流空气而升高，泄压阀开启，压缩机单元外壳的空气可由此流经空气滤清器，从而使外壳内的压力迅速降至 300 kPa 以内。最后，空气通过泄压阀内的一个喷嘴将压力慢慢地降到 0 kPa。

两个互相啮合的转子在一个只留有进气口的铸铁壳体里面旋转，螺杆的啮合和螺杆与壳体之间的间隙通过精密加工严格控制。进气阶段：进气口打开，常压空气进入；压缩阶段：进气口随转子啮合而关闭，转子转动，空气升压，压缩空气；排气阶段：出气口打开，压缩空气排出。

空压机在工作时向螺杆内喷压缩机油，使间隙被密封，喷入的机油在螺杆的齿面形成油膜并将两转子的啮合面隔离防止机械接触摩擦。另外，不断喷入的机油与压缩空气混合，可以带走压缩过程所产生的热量，维持螺杆副长期可靠的运转；在油气混合物压力变化时，不可压缩的液态油可以部分地吸收缓和压缩空气膨胀产生的气动高频噪声。

动画——螺杆式压缩机工作原理

3）螺杆式空压机的主要技术参数

（1）额定排气压力：900 kPa。

（2）机组工作环境温度：−25+50 ℃。

（3）冷却方式：风冷。

（4）润滑油量：约 6.5 L。

（5）输入电源：AC 380 V/50 Hz。

（6）干燥后空气质量：固体粒子等级 2 级（ISO 8573-1），相对湿度 RH≤35%，含油量等级 2 级（ISO 8573-1）。

（7）轴功率：（8.3±0.58）kW。

（8）电机额定转速：1 460 r/min。

（9）风源系统最终排量（900 kPa）：（0.75±0.05）m^3/min。

4）螺杆式空压机特点

与活塞式空气压缩机相比，螺杆式空气压缩机具有如下特点。

（1）噪声低、振动小。当螺杆式空气压缩机工作时，旋转部件两个螺杆的运动没有质心位置的变动，因而没有产生振动的干扰力。经精密加工和精密磨削制造的阴、阳螺杆和机壳之间，互相密贴和啮合的间隙是通过喷油实现密封和冷却的，并不产生机械接触和摩擦，因而在工作中噪声低，一般不超过 85 dB（A）。另外，其空气压缩过程是连续的，不受气阀开闭的制约，所以，压缩空气流动也连续而且平稳。

（2）可靠性高和寿命长。螺杆式空气压缩机工作时，除了轴承和轴封等部件外，没有因相对运动而摩擦的零部件。阴、阳螺杆和机壳之间并不产生机械接触，即在工作中不产生磨损。因此它具有较高的可靠性并可免维护，其检修周期可以保证不短于整车的大修期。

（3）维护简单。在实际运用中，检查、检修人员只要注意观察螺杆式空气压缩机的润滑油油位不低于油表或视油镜刻线，确保空气滤清器不被堵塞即可保证其能正常工作。

5）空压机常见故障

（1）空压机润滑油乳化。

润滑油乳化是一种液体以微小液滴均匀地分散到互不相溶的另一种液体中的作用。通过油位显示管观察润滑油，如发现润滑油呈不透明或有分层现象则表明润滑油已经乳化。造成这种现象的原因是空气潮湿且空压机运行时间较短，油腔温度较低，进入油腔中的水蒸气不能及时排出，从而与润滑油混合在一起。空压机润滑油乳化对比如图2.11所示。

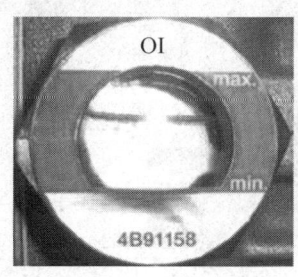 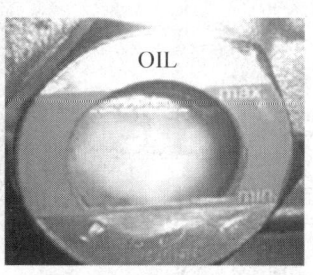

（a）未乳化　　　　　　（b）已乳化

图2.11　空压机润滑油乳化对比图

空压机润滑油乳化的后果：空压机润滑不良、运动部件磨损加剧、活塞环密封失效、空压机机油失效、水分造成气缸和曲轴腐蚀、空压机的使用寿命缩短。

可以通过定期启动空压机1~2 h来预防空压机润滑油乳化。在润滑油已经乳化后，可以运行空压机2 h，观察乳化现象是否消失，如果乳化现象不消失，则需要更换润滑油。

（2）空压机振动异常。

空压机在运行时，有时会听到机械碰撞的声音，即产生了异常振动。产生此故障的原因可能是空压机的弹性悬挂装置失效或者空压机运动部件缺少润滑。

【实践与训练】

项目任务工作单

工作单	空压机组结构及原理
	能力训练

1. 在VV120型活塞式空压机的结构示意图上，标出主要部件的名称并分析各部件的作用。
2. 在图中标出空气从输入到压缩直至最后排出的整个过程。
3. 总结VV120型活塞式空压机的工作原理。

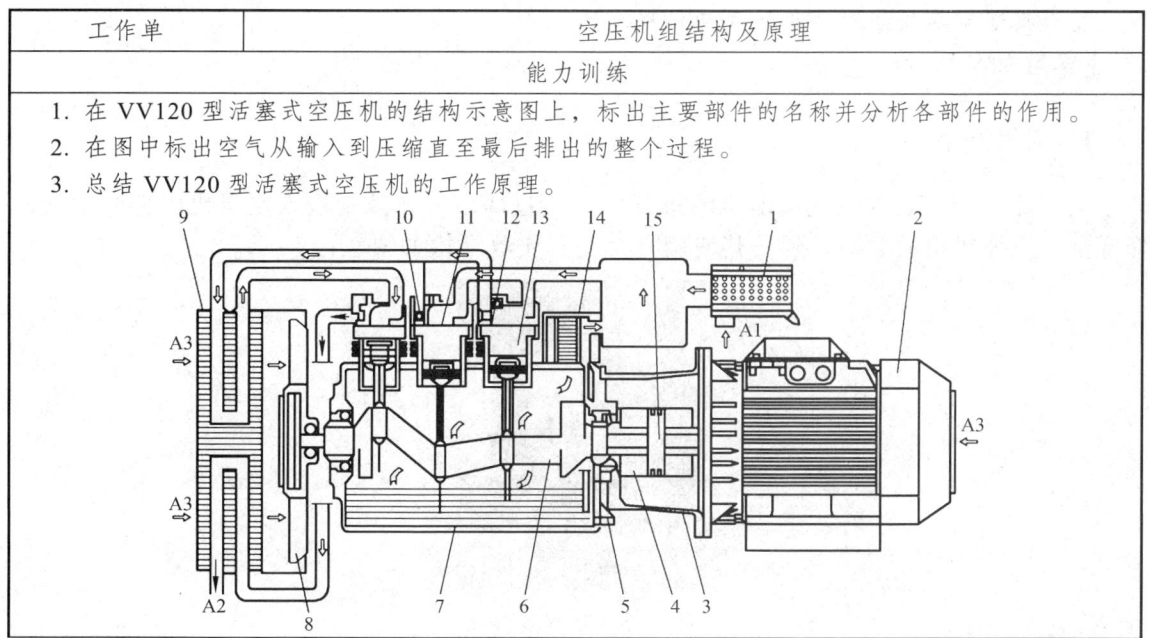

4. 标出螺杆式空压机的主要部件并分析其空气走向和润滑油走向。

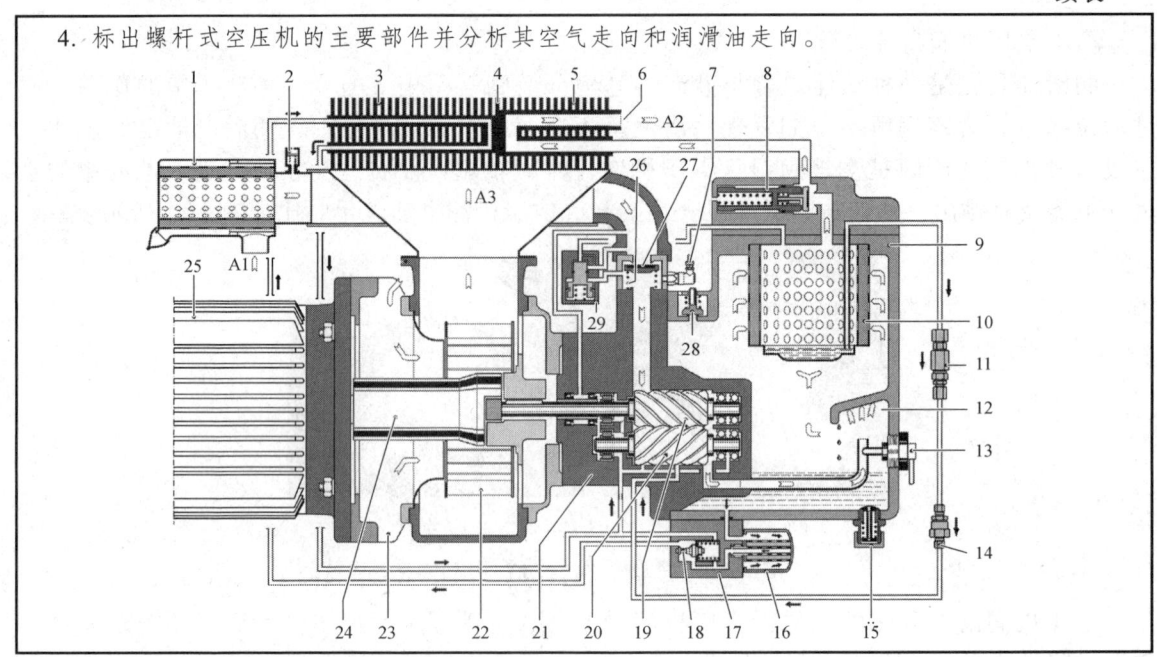

2.3 空压机组附件

【知识目标】

掌握空压机组附件结构及作用。

【能力目标】

能够描述空压机组附件的组成及作用。

【学习内容】

1. 空气滤清器

空气滤清器安装在空气压缩机的进气口处，过滤空气，减少进入空压机内部的尘埃，降低空气压缩机组的磨损，延长其使用寿命。其实物结构如图2.12所示。

图 2.12 空气滤清器

空气滤清器主要由外壳、滤芯、进气管、排尘阀等组成，如图2.13所示。

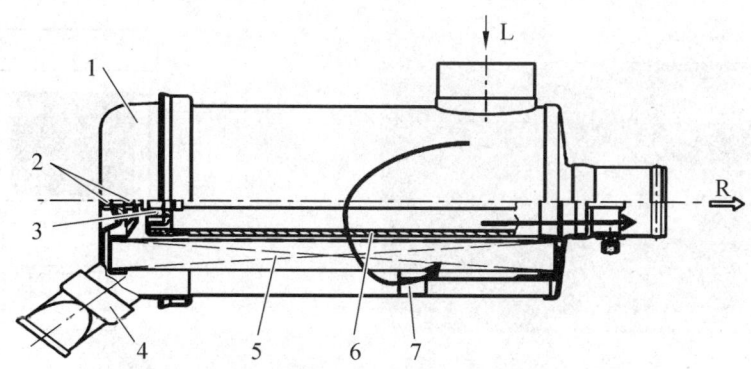

1—灰尘罐；2，3—六角螺母；4—排尘阀；5—滤芯；6—安全元件；
7—导风环；8—真空指示器；L—进气口；R—清洁气出口。

图2.13　空气滤清器结构

空气滤清器的滤芯为干式纸质过滤器（见图2.14），它对空气进行精细过滤，干式空气滤清器的分离度为：3 μm 的颗粒为 99.9%；1 μm 的颗粒为 99%。对空气滤清器滤芯进行维护工作时，只需更换滤芯，保养方便；它与油池空气滤清器相比，无需换油，没有附加的清洁工作，节省时间。

2.14　空气滤清器滤芯

在空气滤清器上装有一个真空指示器，如图2.15所示。真空指示器可测出洁净气出口的负压，在滤芯脏污程度加重时此负压值将增高。当指示活塞能全部被看见或箭头指向5 kPa，且在此位置锁住，并在空气压缩机停机时活塞仍保持完全可见，就应更换滤清器滤芯和倒掉后盖内尘土。重新装上空气滤清器后，按下指示器顶端的复位按钮即可复位。真空指示器可以显示滤芯何时需要维护，有利于最大限度地使用滤芯。

2. 阀　件

1）进气阀

进气阀专门用于连续/间歇工作的空气压缩机组。空气压缩机组工作时，进气阀阀板打开，提供风源。当其停止工作时，阀板关闭，使油气筒内含油气体不能通过，同时其卸压部位工作，油气筒内压力能在很短时间内降到300 kPa以下，以免空气压缩机组带压起动。如果空压机起动电流过高，空气开关会为保护机组而跳闸。进气阀实物图如图2.16（a）所示，其结构如图2.16（b）所示。

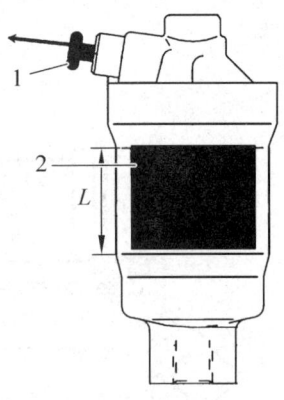

1—按钮（用于滤清器更换后拉拔）；2—指示活塞；L—活塞的行程。

图 2.15　真空指示器

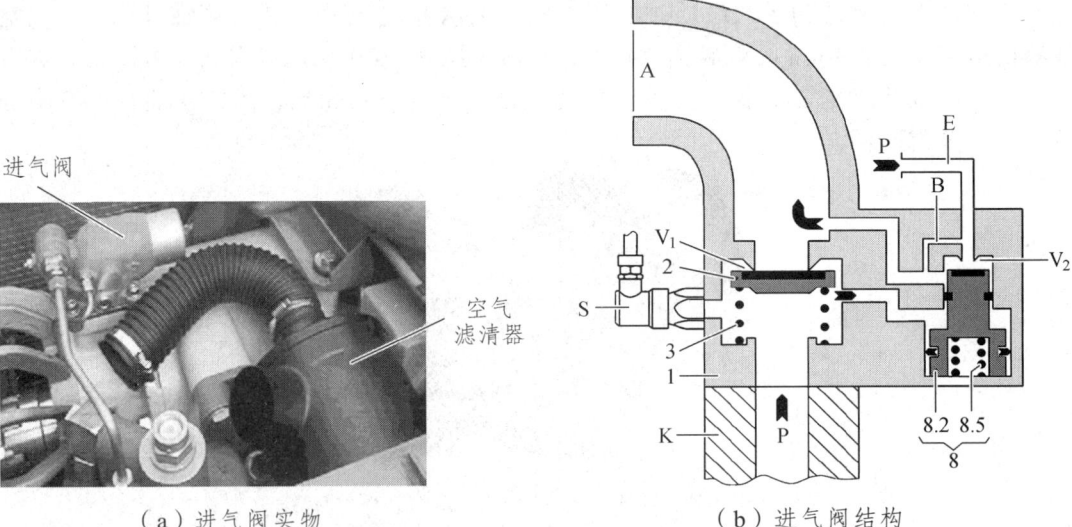

（a）进气阀实物　　　　　　　　（b）进气阀结构

1—阀体；A—进气通道；2—阀板；B—卸载通道；3—弹簧；E—卸载管；8—卸载元件；8.2—活塞；
P—压缩机外壳内的压力；8.5—弹簧；S—压力开关；V—阀座。

图 2.16　进气阀

2）止回阀

止回阀也叫单向阀，结构如图 2.17 所示。止回阀主要由阀体、阀芯、弹簧等组成。当进风口 A1 的压力较高时，推动阀芯弹簧，打开阀口，压缩空气由 A1 流经 A2。进风口 A1 的压力下降，阀芯在弹簧力的作用下关闭阀口，防止出风口 A2 处的压缩空气回流。止回阀安装于只允许空气从一个方向流入且反向截止的空气管路，以避免压降。止回阀符号如图 2.18 所示。

3）双向止回阀（梭阀）

双向止回阀又称梭阀，其结构如图 2.19 所示，主要由阀体、活塞等组成，A1、A3 为进风口，A2 为出风口。活塞在阀体内往复移动沟通气路。根据 A1 和 A3 端口输入压力的大小，推动活塞 b 在阀体内往复移动，使端口 A1 和 A3，交替连接 A2。当两进口端压差大于某一数值时，端口发生转换，较低压力的端口被活塞末端的密封件关闭。双向止回阀符号如图 2.20 所示。

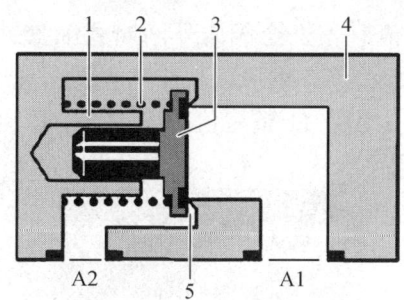

1—导向部；2—弹簧；3—阀芯；4—阀体；5—阀座；A1—进风口；A2—出风口。

图 2.17　止回阀结构

图 2.18　止回阀符号

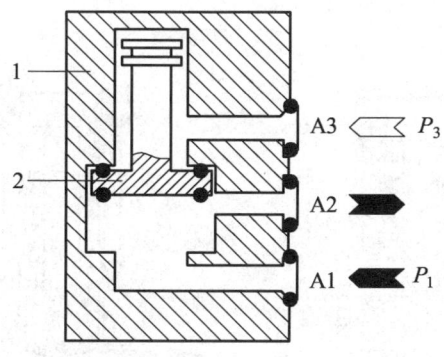

1—阀体；2—活塞；A—端口；P—入口压力。

图 2.19　双向止回阀结构

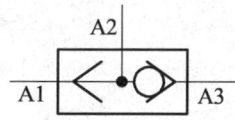

图 2.20　双向止回阀符号

动画——双向止回阀作用原理

4）安全阀

安全阀主要用于空压机系统和后续气路系统的超压保护。系统内超压无法及时排气减压会造成漏油和气路部件寿命减低等。

当压力高于安全阀的限定值时，安全阀向外间断式喷气，起到降压保护管路和提醒的双重作用，安全阀如图 2.21 所示。在供风模块中有两处安全阀分别为：A01.03 整定值为 1.2 MPa，用于保护空气压缩机；A01.11 整定值为 1.05 MPa，用于保护后续的空气管路、制动设备。

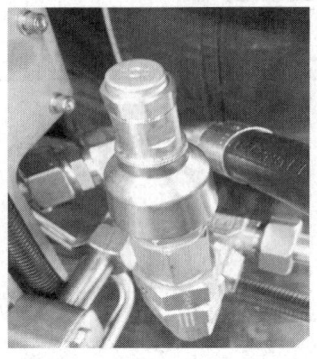

图 2.21 安全阀

安全阀由阀体、调节螺栓、排气口、阀杆、手动卸放螺钉、阀座、弹簧组成，如图 2.22（a）所示。

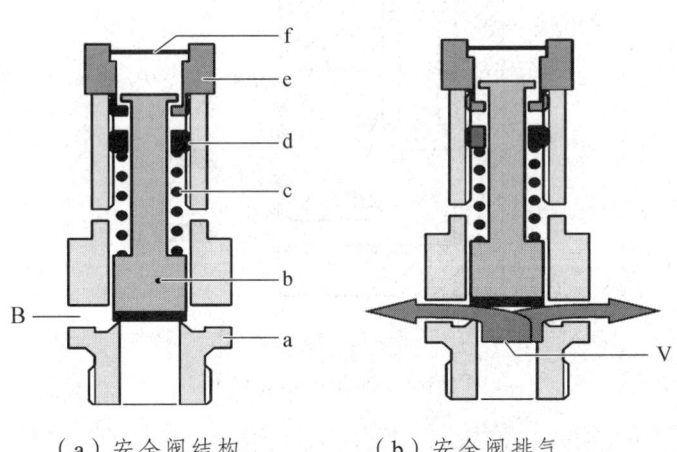

（a）安全阀结构　　（b）安全阀排气

a—阀体；d—调节螺栓；B—排气口；b—阀杆；e—手动卸放螺钉；V—阀座；c—弹簧；f—铅封。

图 2.22 安全阀

当空气压力超过规定压力时，则空气压力抵消弹簧压力，将阀口顶开，释放压力空气，如图 2.22（b）所示。有时空气压力没有超过规定压力，但需要释放压力，也可以用工具向上拔起阀杆，即可打开阀口。拧开手动卸放螺钉使阀内的压力足够打开阀门并从排气口卸放空气，排放完毕，再拧紧手动卸放螺钉。安全阀要定期检查阀门动作是否顺畅和清除阀座里积存的尘土。

5）减压阀

减压阀的作用是调节压缩空气系统中的空气压力至工作压力，且维持稳定。减压阀的结构如图 2.23 所示。

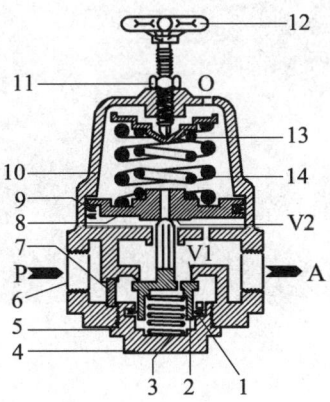

1，5，9—密封圈；2—排气阀；3—弹簧；4—阀盖顶；6—进气口；7—过滤网；8—活塞；10—阀体；11—锁紧螺母；12—调节螺丝；13—调整弹簧；14—大弹簧；V1，V2—阀口；A—排气口；P—进气口

图 2.23 减压阀

压缩空气经 P 口进入减压阀，从 A 口排出，压缩空气流经活塞底部，如果压力足够大，活塞会上升，排气阀也会上升，直到其靠到阀口 V1，这样端口 P 到端口 A 的通路就被切断。如果端口 P 的压力继续推动活塞上升，则活塞上的阀口 V2 被打开，多余的压力空气从端口 O 排出。当压力下降，弹簧把活塞往下推，通过阀杆关闭阀口 V2。如果端口 A 的压力继续下降，则排气阀打开，使更多的压力空气从端口 P 流入。这一过程会一直持续下去，保证了端口 A 的压力恒定。减压阀符号如图 2.24 所示。

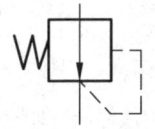

图 2.24 减压阀符号

6）最低压力阀

最低压力阀（压力维持阀）安装在油气筒上方油气分离器出口处，开启压力设定为（600±50）kPa。其作用有两方面：

（1）建立润滑油循环压力：启动时优先建立起润滑油的循环压力，确保空压机的润滑。

（2）止回：当停机后油气筒内压力下降时，防止主风缸内压缩空气回流。

3. 温度开关与温控阀

1）温度开关

温度开关安装在空压机上，如图 2.25 所示。润滑油失油、油量不足、冷却不良等情况，均可能导致排气温度过高，当排气温度达到温度开关设定温度值时，则温度开关断开而停机。更换温度开关的步骤：先关停空压机并完全卸压；再将油位降低至油标尺的最下限；

然后松开螺旋塞上的紧定螺钉，并从螺旋塞上取出，然后小心地拔出温度开关；随后更换一个新的温度开关并将润滑油加至油标尺的上限；最后检查温度开关的功能是否正常。

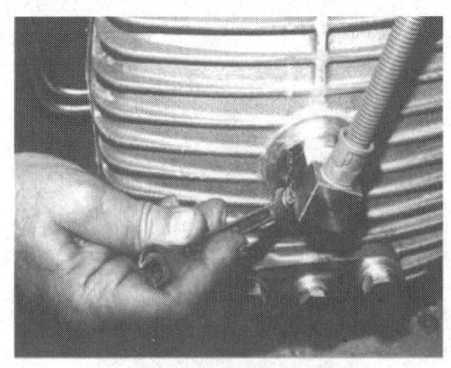

图 2.25　温度开关

2）温控阀

温控阀安装在油冷却器前，它维持排气温度在压力露点温度以上，避免空气中的水蒸气在油气筒内凝结而乳化润滑油。润滑油乳化会造成空压机润滑不良，运动部件磨损加剧，活塞环密封失效，空压机油失效，水分会造成腐蚀，缩短空压机的使用寿命。

知识链接——压力露点

湿空气被压缩后，水蒸气密度增加，温度也上升。压缩空气冷却时，相对湿度便增加，当温度继续下降到相对湿度达100%时，便有水滴从压缩空气中析出，这时的温度就是压缩空气的"压力露点"。

4. 油和空气冷却器

油和空气冷却器是铝制的紧凑型冷却器，其结构如图2.26所示。冷却器能将其出口的压缩空气温度冷却到高于周围环境温度10 ℃。冷却风扇直接安装在电机轴上，以产生冷却气流，不需要单独的电机驱动。冷却器叶片必须始终保持干净，杂质必须去除，以避免温度升高和温度开关（T）引发的压缩机组停机。空压机每1 000个运行小时或者最迟12个月要清洁气缸冷却器和散热片。

图 2.26　油和空气冷却器

5. 压力开关

压力控制器通过压力变化改变电路，电信号的变化可定性地反映所控制管路的压力变化，压力开关如图 2.27 所示。如果给压力控制器加上压缩空气，当达到相应的上开关压力或下开关压力时，所连接电路即断开或闭合。空压机压力开关受进气阀阀座内压力控制，当压力小于 300 kPa 时，压力开关恢复接通，此时空压机机组才能再次起动。

图 2.27　压力开关

动画——压力开关作用原理

6. 视油镜

视油镜如图 2.28 所示。它主要用于对油位进行目视检查。压缩机在冷却和卸压状态下，油位应当位于两个标记刻度线之间。如果油位低于下标（最低），或者油位在下一检查周期之前就会达到下标时，就应当加注油。

图 2.28　视油镜

【**实践与训练**】

项目任务工作单

工作单	空压机组附件结构及作用
能力训练	
1. 在双向止回阀示意图中，请写出 1、2 的名称，并分析其工作原理。 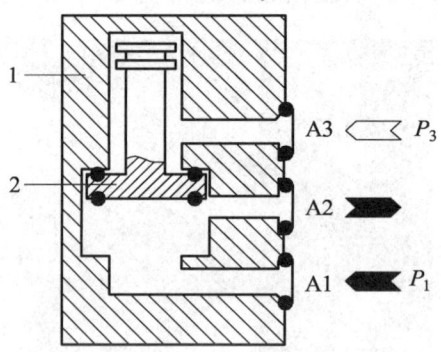	
2. 在安全阀示意图中，写出 a、b、c、d、e、f 的名称，并分析其工作原理。 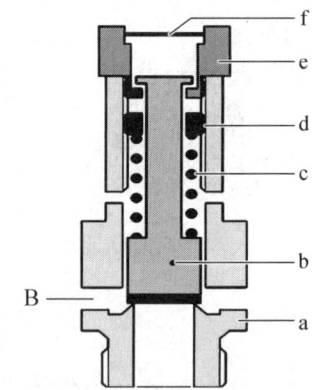	
3. 标出减压阀各部件的名称，并分析其工作原理。 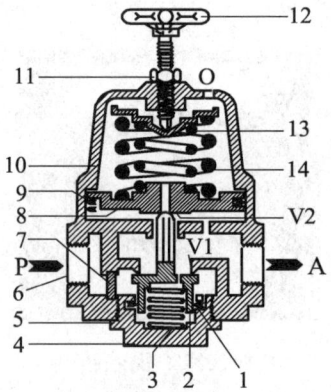	

2.4 空气干燥器

【知识目标】
掌握单塔式、双塔式空气干燥器结构及原理。
【能力目标】
能够描述单塔式、双塔式空气干燥器作用过程。
【学习内容】

1. 空气干燥器的作用

从空气压缩机输出的压缩空气中含有较高的水分、油分和机械杂质等，必须将这些杂质除去，才能达到城轨车辆上用风设备对压缩空气的使用要求。压缩空气中的液态水、油微粒及机械杂质能在滤清器（或油水分离器）中基本被去除；空气干燥器用来去除压缩空气中的水蒸气，使其相对湿度达到35%以下，避免用风过程中出现冷凝水。

知识链接

相对湿度：湿空气的绝对湿度与相同温度下可能达到的最大绝对湿度之比。

空气干燥器一般都做成塔式，有单塔和双塔两种，如图 2.29 所示。上海地铁一号线直流传动车采用的是单塔式空气干燥器，而交流传动车则使用的是双塔式空气干燥器。相对于直流传动车，交流传动车选用的空气压缩机的排气量较小，它停止工作的间隙不能满足单塔式干燥器再生所需的时间，因此要选用双塔式空气干燥器。

（a）单塔式空气干燥器　　　　　　（b）双塔式空气干燥器

图 2.29　空气干燥器

2. 单塔式空气干燥器

1）结　构

单塔式空气干燥器结构如图 2.30 所示，它由油水分离器、干燥筒、排泄阀、电磁阀、再生风缸和消声器等组成的。在油水分离器中有许多拉希格圈，干燥筒则是一个大圆筒，其中装满了颗粒状的吸附剂。常用的吸附剂有硅凝胶、氧化铝、活性炭、分子筛、合成铝硅酸盐等。城轨车辆空气干燥器采用的吸附剂一般为合成铝硅酸盐，如图 2.31 所示。这种结晶合成铝硅酸盐由于其特殊的分子结构而具有特别大的比内表面，从而从流经的空气中吸走水蒸气。与其他干燥剂相比较，这种干燥剂的突出优点是对油很不敏感。

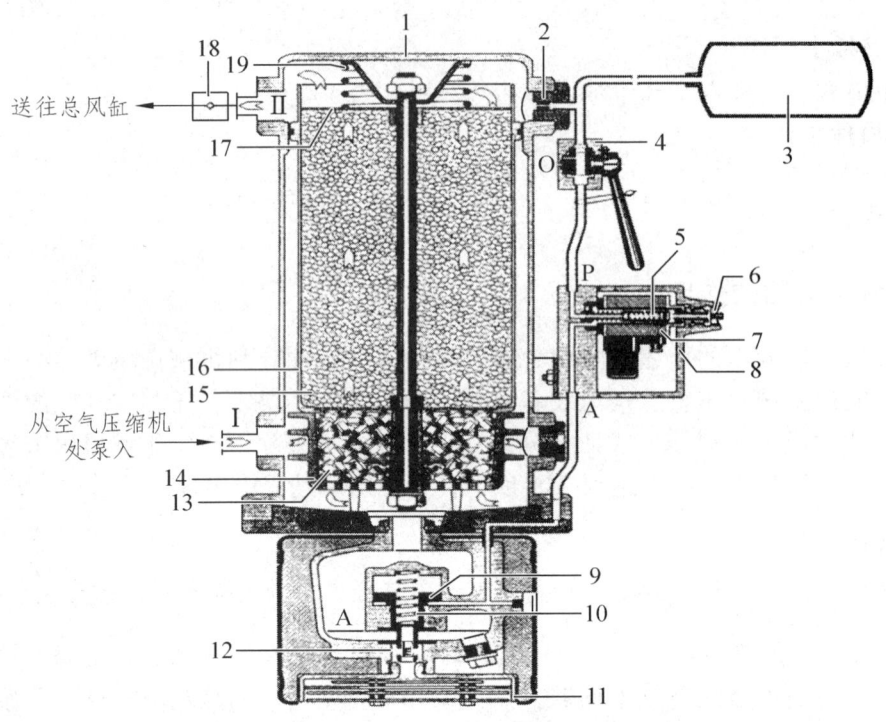

1—空气干燥筒；2—节流孔；3—再生储风缸；4—带排气的截断塞门；5—衔铁；6—排气阀；7—线圈；8—电磁阀；9—活塞；10，19—弹簧；11—消声器；12—排泄阀；13—拉希格圈；14—油水分离器；15—吸附剂；16—干燥筒体；17—带孔挡板；18—单向阀

图 2.30　单塔式空气干燥器

图 2.31　合成铝硅酸盐

2）作用原理

空气压缩机输出的压力空气从干燥塔中部的进口管进入干燥塔后，先经过油水分离器。当含有油分的压缩空气与拉希格圈（这是一种用铜片或铝片做成的有缝的小圆筒）相接触时，由于液体表面张力使空气中的油滴很容易地吸附在拉希格圈的缝隙中，这样就能去除大部分压缩空气中的油分。然后空气再进入干燥筒内与吸附剂相遇，吸附剂能大量地吸收

空气中的水分。最后使干燥筒上方输出的压缩空气相对湿度小于35%，即可满足车辆各用风系统的要求。当洁净而干燥的压缩空气经过单向阀输向主风缸时，分离后留在干燥塔内的油和水还要进一步处理。从空气干燥塔输出的干燥空气有一部分通过干燥塔顶部的节流孔输送至再生风缸。

当总风缸压力达到850 kPa时，空气压缩机停止工作，干燥塔顶的压力迅速降低。由于干燥塔与主风缸的通路中有止回阀，主风缸的压缩空气不能倒流至干燥塔内，而这时再生风缸内干燥的压缩空气经节流孔回冲至干燥塔内，并且沿干燥筒、油水分离器一直冲至干燥塔下部的积水积油腔内。在下冲的过程中，干燥空气吸收了吸附剂中的水分，同时还冲下了拉希格圈上的油滴，使吸附剂和拉希格圈都得到再生，在以后的净化和干燥中可以继续发挥作用。再生风缸还有一条管路通向积水积油腔底部的排污阀门，管路中间有一个电磁阀，其电磁线圈与空气压缩机压力开关相接。当空气压缩机关闭时，电磁阀线圈失电，气路导通，再生风缸的压力空气顶开积水积油腔底部的排泄阀门，使积水积油腔内的水和油通过消声器迅速排向大气。

3. 双塔式干燥器

双塔式空气干燥器的工作原理与单塔式空气干燥器的类似，只不过它采取的不是时间分段法，即一段时间吸污，下一段时间再生和排污；而是采取双塔轮换法，即一个塔在去油脱水的同时，另一个塔进行再生和排污，过后两个塔的功能对换，以达到压缩空气可连续进行去油脱水的目的。

双塔式空气干燥器没有再生风缸，而依靠两个干燥塔互相提供回冲压缩空气排污。但它设有一个定时脉冲发生器，使两个干燥塔的电磁阀定时地轮换开、关，以使两个塔的功能能够定时进行轮换。

1）结　构

双塔式空气干燥器的内部构造如图2.32所示。

2）工作原理

双塔式干燥器工作为干燥与再生两个工况同时进行，压力空气在一个筒中流过并干燥时，另外一筒中的吸附剂即再生。从空气压缩机输出的压缩空气首先经过装有拉希格圈的油水分离器，除去空气中的液态油、水、尘埃等；然后，压缩空气再流过干燥筒中的吸附剂，吸附剂吸附压缩空气中的水分。

一部分干燥过的压缩空气（相对湿度13%~18%）被分流出来，经过再生节流膨胀后，进入另一个干燥塔对已吸水饱和的吸附剂进行脱水再生。再生工作后的压缩空气经过油水分离器时，再把积聚在拉希格圈上的油、水及机械杂质等从排泄通路排出。用于吸油的拉希格圈，可以用碱性清洁剂清洗，再用清水洗涤，最后用压缩空气吹干即可。如果在排泄阀的出口处有白色沉淀物或是干燥剂过饱和，必须检查干燥剂，如有必要则要更换。一般来说，干燥剂每4~5年需要更换一次。

作用过程如下：

空气→进气口A1→阀V7→干燥筒19b中油水分离器、吸附剂→干燥筒19b中心管，由此分两路；一路到止回阀 V9→旁通阀 V10→出气口 A2→总风缸；另一路至再生节流孔→干燥筒 19a 中心管→干燥筒 19a 中吸附剂、油水分离器→阀 V6→消声器→排泄口→大气。

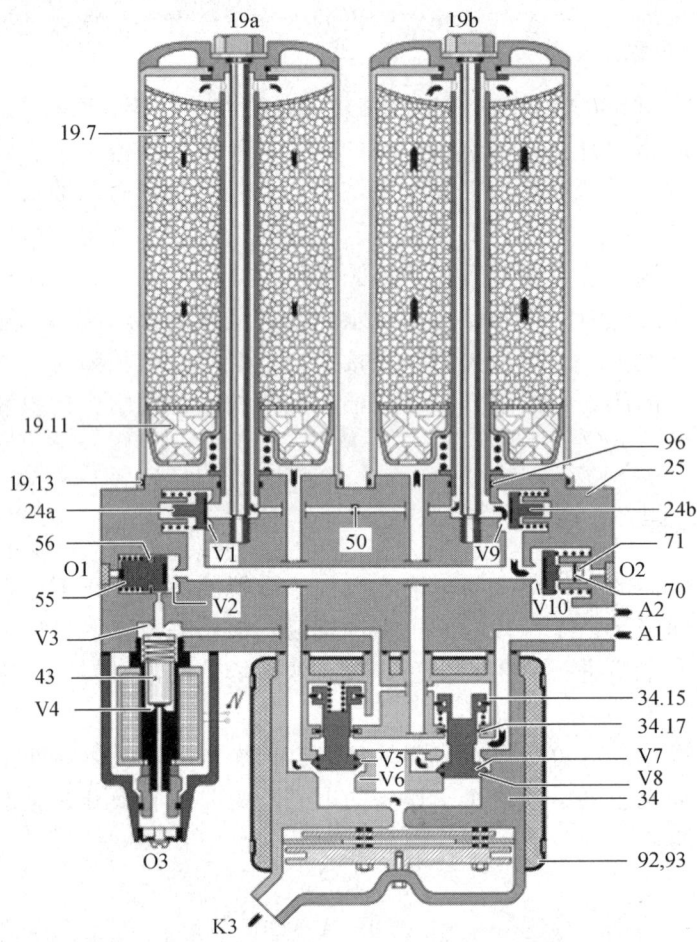

19a—再生阶段的干燥塔；34.15，34.17，56，70—K 环；92，93—绝缘套；19b—干燥阶段的干燥塔；19.7—干燥剂；43—电磁阀；96，19.13—O 形环；19.11—带拉西环的油分离器缸；50—再生塔喷嘴；A1—压缩机前的进风口；55—先导阀的活塞；A2—通向主风缸的排风口；24—止回阀的阀锥；K3—空气/冷凝水；25—支架；O—排汽孔；34—双活塞阀；71—溢流阀阀盘；V—阀座。

图 2.32　双塔式空气干燥器作用原理

3）循环控制

循环控制器在空气压缩机起动的同时也开始工作，它根据规定的程序控制电磁阀 43 的开关时间；从而控制双干燥筒工作循环，每 2 min 转换一次工作状态。操作位置的时间顺序和相应的工作阶段如图 2.33 所示。

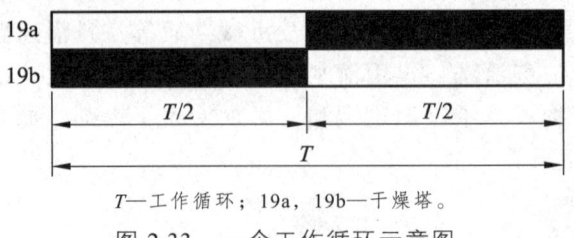

T—工作循环；19a，19b—干燥塔。

图 2.33　一个工作循环示意图

2.5 风缸及其他空气管路部件

【知识目标】
1. 识别风缸和其他空气管路部件。
2. 掌握风缸和其他空气管路部件的作用。

【能力目标】
能够识别管路附件的符号。

【学习内容】

1. 风缸及管路

1）风 缸

风缸是用于储存压缩空气的容器，它用钢板制成，具有很高的耐压性。城轨列车上风缸的作用是储存压缩空气为系统供风，同时减少空气压缩机的频繁起动等。风缸下面应装有排水塞门或排水堵，能定期排出风缸内的冷凝水。风缸容积较大，为了便于风缸的维护，将主风缸、制动风缸、空气悬挂风缸集成为一个模块，如图2.34所示。

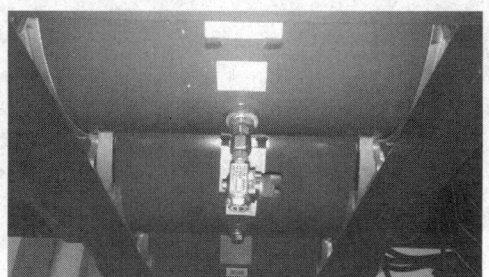

图2.34 主风缸、制动风缸、空气悬挂风缸

主风缸、制动风缸、空气悬挂风缸符号如图2.35所示，其中A06为主风缸、B03为制动风缸、L02为空气悬挂风缸

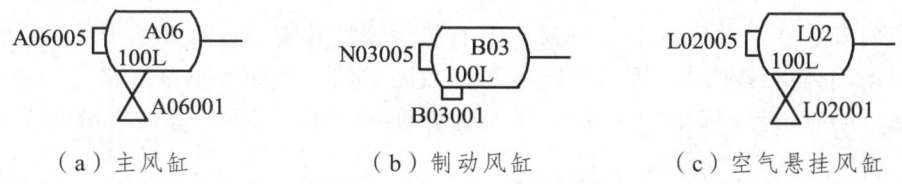

（a）主风缸　　　　（b）制动风缸　　　　（c）空气悬挂风缸

图2.35 主风缸、制动风缸、空气悬挂风缸符号

2）空气管路

（1）不锈钢空气管路。

各车空气管路设计大致相同，空气管路采用薄壁无缝不锈钢管、不锈钢卡套式管接头，使用尼龙和不锈钢管卡紧固。空气管路及接头如图2.36所示。

图 2.36　空气管路及接头

（2）软管。

普通软管有阻止振动传递、连接有相对运动的管路和方便接管的作用。常见的有压缩机出风软管、制动软管、停放制动软管、制动缸软管，车钩总风软管等，如图 2.37 所示。软管使用寿命为 6 年，到期需要更换。

　　　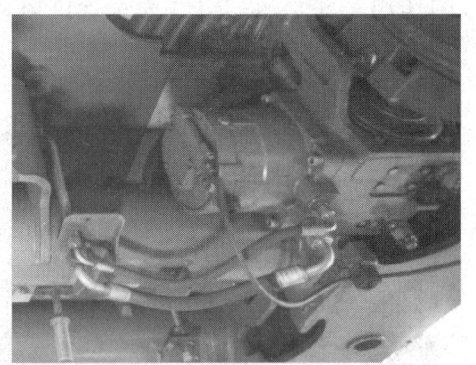

（a）解钩软管　　　　　　　　　　　（b）制动软管

图 2.37　软管

2. 其他空气管路部件

1）截断塞门

截断塞门安装在制动支管上，当列车中的车辆因特殊情况或列车检修作业需要停止该车辆空气制动箱体的作用时，可以关闭该车的截断塞门，切断车辆制动机与制动主管的压缩空气通路，同时排出制动缸的压缩空气，使制动机缓解，以便于检修人员的安全操作。

（1）长手柄球芯截断塞门。

长手柄球芯截断塞门，如图 2.38 所示。此类塞门常用于切断管路内的空气通路，带排风的塞门还可以在切断管路的同时排空后端的压力空气。

微课堂——球阀工作原理

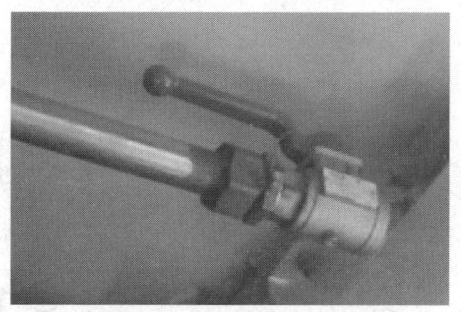

图 2.38 截断塞门实物

截断塞门结构如图 2.39 所示。

通路状态：塞门内部截止球的直通孔位置和塞门体的纵向一致，空气通路打开。也就是当手把置于与塞门体成水平方向时，为开通位置。

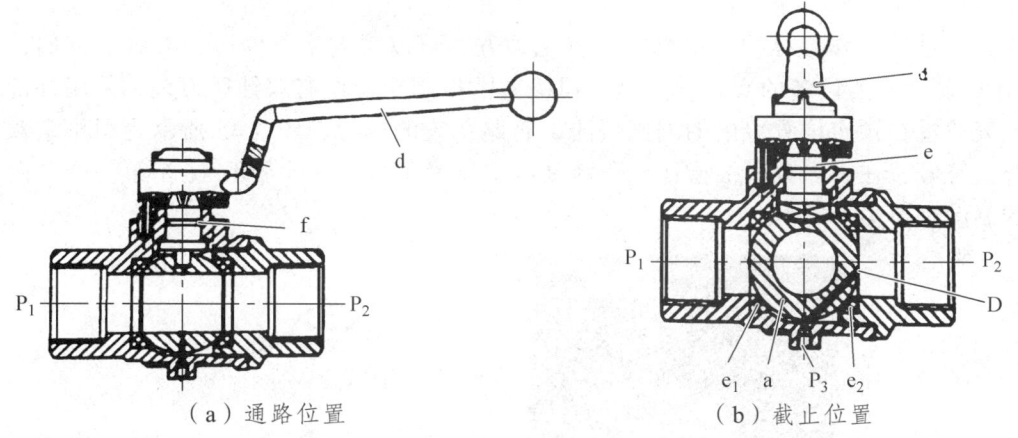

（a）通路位置　　　　　　　　　（b）截止位置

a—截止球；d—手柄；e—开关主轴；e_1、e_2—密封圈；f—O 形密封圈；
D—直流孔；P_1—进气接口；P_2—出气接口；P_3—排气口。

图 2.39 截断塞门结构

截止状态：塞门内部截止球的直通孔位置和塞门体的纵向垂直，空气通路截止。也就是当手把置于与塞门体成垂直方向时，为关闭位置。

（2）带电触点的截断塞门。

为了实现对空气制动进行人为的制动隔离，在每个客室内设置 B05 箱体，内部有带电触点的截断塞门，该装置能够实现某个转向架制动隔离时，隔离信号将发送给 TCMS，B05 截断塞门如图 2.40 所示。

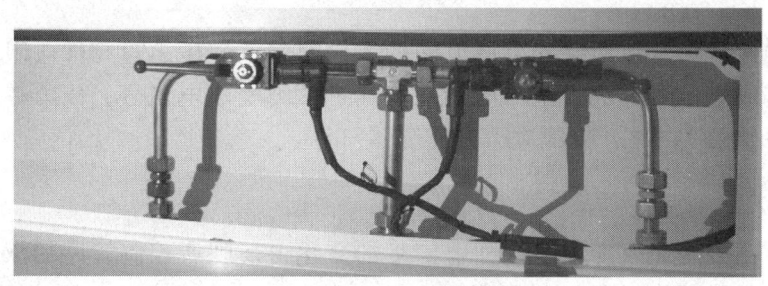

图 2.40 B05 截断塞门

（3）截断塞门符号。

几种截断塞门的符号如图 2.41 所示。

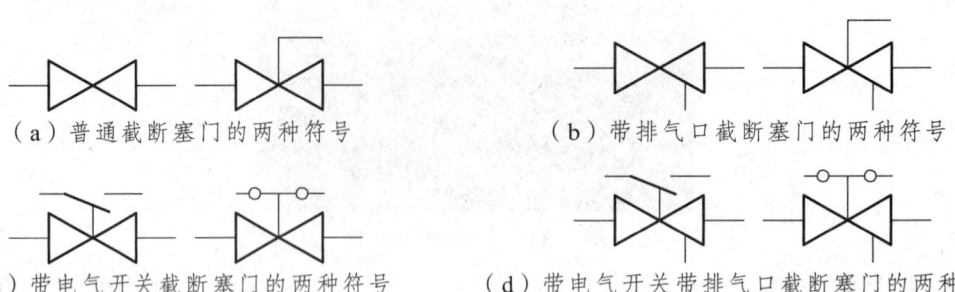

（a）普通截断塞门的两种符号　　（b）带排气口截断塞门的两种符号

（c）带电气开关截断塞门的两种符号　　（d）带电气开关带排气口截断塞门的两种符号

图 2.41　几种截断塞门的符号

2）双针压力表

在制动系统工作、维护、检修时，有几种方式可以看到主要的压力参数。例如，司机室 HMI 屏显示主要设备的空气压力值，司机室的控制台上设有双针压力表，采用外部指针式压力表通过在预定位置留出的测试口测试管路系统的压力。图 2.42 所示为司机室双针压力表及其符号，在表内有两根指针，白针显示主风管压力，红针显示 Tc 车第一个转向架第一轴的制动缸压力。

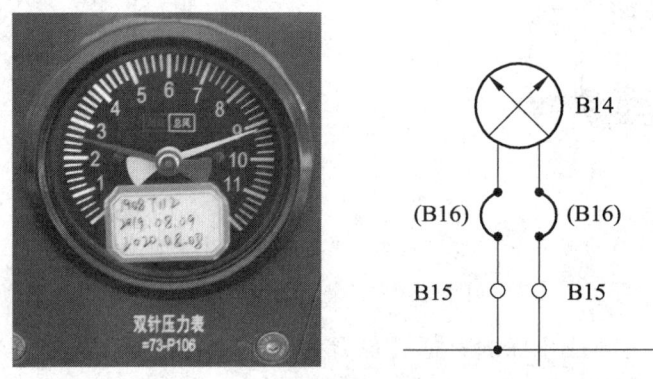

图 2.42　双针压力表及其符号

3）压力传感器

压力传感器（Pressure Transducer）是能感受压力信号，并能按照一定的规律将压力信号转换成可用的电信号的器件或装置。压力传感器将空气管路中的压力信息实时地反馈给列车网络控制系统（TCMS）。

压力传感器通常由压敏元件和附属电路构成，通过空气压力对元件电阻、电容、电感特性的改变而形成电信号，也可由压电元件直接把压力变成电信号，压力传感器结构如图 2.43（a）所示，图 2.43（b）所示为压力传感器符号。

4）压力开关

该装置通过压力变化改变电路，即电信号的变化可反映所控制管路的压力变化，其压力整定值根据需要可调，如图 2.44 所示。

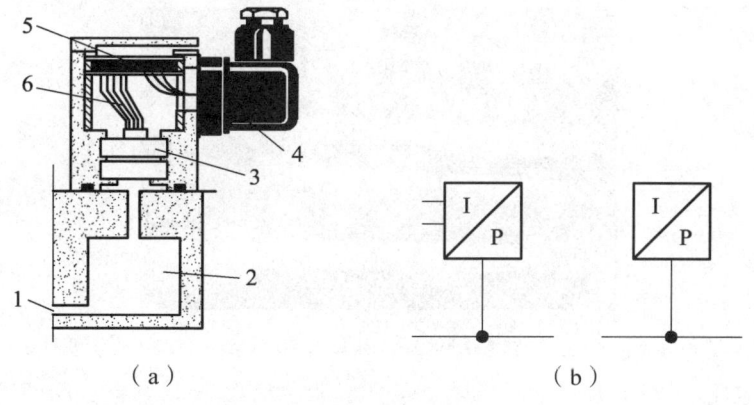

1—入口；2—气腔；3—压力传感元件；4—接线盒；5—电子元件；6—内部引线。

图 2.43 压力传感器

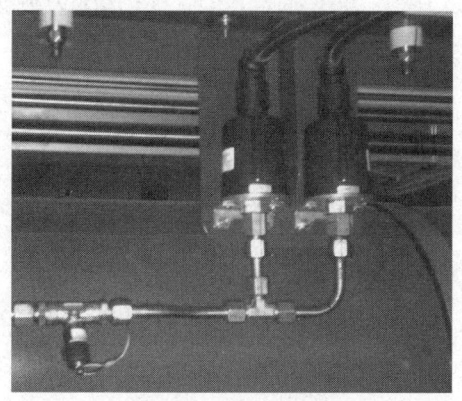

图 2.44 压力开关

在整个系统中有三处用到压力开关，分别为 A01.08、A01.09 和 B22。压力开关符号如图 2.45 所示。

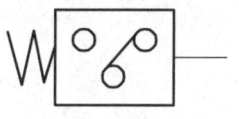

图 2.45 压力开关符号

3. 空气管路常见故障

1) 漏 气

管接头和管路漏气，是供风制动系统最常见的故障，如图 2.46 所示。造成这些故障的原因主要有安装不紧固、橡胶老化、摩擦干涉等，对于此类故障，可以重新紧固漏气的管接头或更换老化损坏的管件来解决。

调配稀释的肥皂水，有毛刷蘸少许肥皂水涂在各处管路螺纹连接处，逐个查找，找到漏点后，紧固螺纹，再用肥皂水检查。如果仍泄漏，排完相近容器或者管路的压缩空气，松开螺纹连接，在螺纹前 3~5 个螺距部分涂上管螺纹密封胶，紧固后再检查。最后用抹布擦净肥皂水残留液。

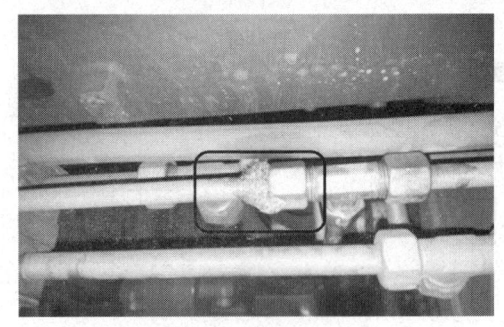

图 2.46 空气管路漏气

2）压力开关失效

在实际应用中，常常发生压力开关失效，表现为当主风管或当前风压到达指定条件后，列车对应部件无相关状态的切换，如空压机起动。造成压力开关失效的原因主要是触点老化或弹簧元件失效，可以通过更换压力开关解决此类故障。

【思考题】

压力开关与压力传感器区别是什么？

基础制动装置

3.1 踏面制动单元

【知识目标】
掌握基础制动装置的类型和作用。
【能力目标】
能描述闸瓦和踏面制动单元的原理。
【学习内容】

1. 概　述

基础制动装置是城轨车辆制动系统的关键部件之一，其制动能力直接影响到城轨列车的行驶安全与乘坐舒适度。地铁列车制动频繁，制动减速度大，车辆停车精度要求高，这就要求地铁车辆制动系统需要稳定的摩擦副和良好的控制精度能力以及承受频繁制动热负荷的性能。

2. 基础制动装置

基础制动装置的功能是吸收制动动能并将之转化为热能散发到大气中。基础制动装置主要以压缩空气压力作为制动原动力，将压缩空气作用在活塞上的推力增大数倍后，平均地传递给闸瓦（或闸片），使其压紧车轮（或制动盘）产生制动转矩。基础制动装置指从制动缸活塞杆、推杆到闸瓦之间的一系列杠杆和闸瓦间隙调整装置等各种零部件所组成的机械装置。

根据基础制动装置作用方式的不同，其可分为闸瓦制动（踏面制动）和盘型制动，如图 3.1 所示。

目前城轨列车采用的踏面制动单元主要有 PC7Y 型、PEC7 型和 TFD 型踏面制动单元。

1）PC7Y 型与 PC7YF 型踏面制动单元

踏面制动单元部分的气路如图 3.2 所示。

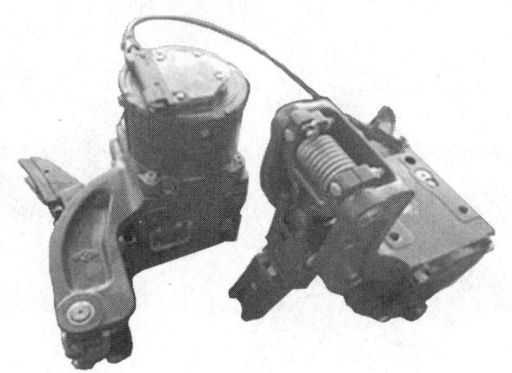 

（a）闸瓦制动单元　　　　　　　　（b）盘型制动单元

图 3.1　闸瓦制动单元与盘型制动单元

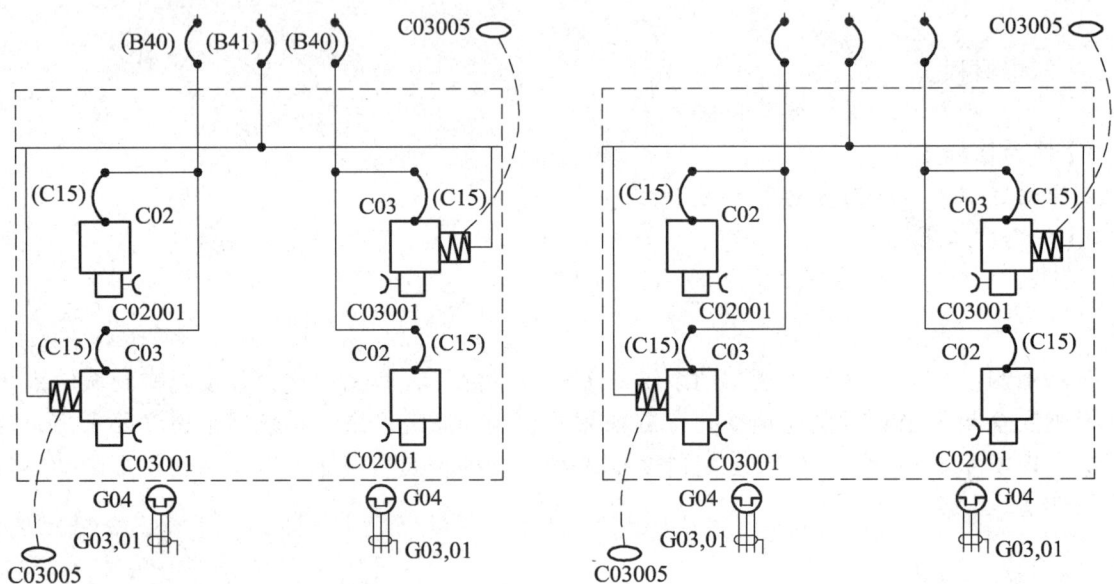

C02—不带停放制动的踏面制动单元；C03—带停放制动的踏面制动单元；C03005—停放制动缓解拉绳；
B40，B41—软管；G03.01—速度传感器。

图 3.2　踏面制动单元部分的气路

PC7Y 型及 PC7YF 型踏面单元制动器的特点：有弹簧停车制动及手动辅助缓解装置（PC7YF 型）；有闸瓦间隙调整器；制动传动效率高，均在 95% 左右；占用空间小，安装简单；性能稳定，作用可靠，维修方便。

PC7Y 型踏面制动单元技术参数见表 3.1。

表 3.1　PC7Y 型踏面制动单元技术参数

制动倍率	常用制动器	2.85
	弹簧制动器	1.15
制动缸工作压力/kPa		300~600

续表

最大闸瓦压力/kN	45
弹簧制动缓解压力/kPa	5 300～80 000
闸瓦磨耗后一次调整量/mm	15
最大间隙调整量/mm	110
PC7Y 型单元制动器质量（包括闸瓦质量）/kg	63
PC7YF 型单元制动器质量（包括闸瓦质量）/kg	85

（1）PC7Y 型踏面制动单元。

① 结构。

PC7Y 型踏面单元制动器内部结构如图 3.3 所示，主要由制动缸、活塞、制动杠杆、缓解弹簧、闸瓦间隙自动调整器、吊杆、扭簧、闸瓦托和闸瓦等组成。

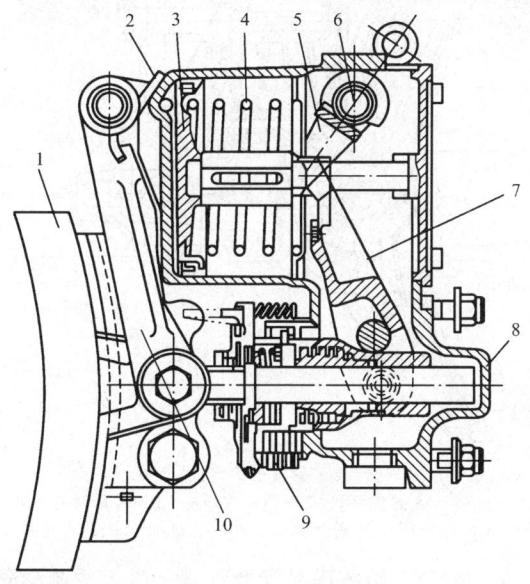

1—闸瓦；2—扭簧；3—活塞；4—缓解弹簧；5—手制动杠杆；6—安装在制动缸缸体上的枢轴；
7—制动杠杆；8—制动缸缸体；9—闸瓦间隙调整器；10—闸瓦托

图 3.3　PC7Y 型踏面单元制动器

② 制动施加与缓解原理。

制动：当列车空气制动时，制动缸充气，在压力空气的作用下，制动缸活塞压缩缓解弹簧右移，活塞杆推动制动杠杆，而杠杆的另一端则带动闸瓦间隙调整器向车轮方向推动闸瓦及闸瓦托，使闸瓦紧贴车轮。

缓解：当列车缓解时，制动缸排气，这时闸瓦及闸瓦托上所受到的推力被撤除，在制动缸缓解弹簧及闸瓦托吊杆上端头的扭簧的反弹力作用下，闸瓦及活塞等机构复位。

（2）PC7YF 型踏面制动单元。

① 结构。

PC7YF 型单元制动器是在 PC7Y 型单元制动器的基础上，增加了一个停放制动器，如图 3.4 所示。停放制动器是一套辅助制动装置，其设置目的是在车辆停放时，防止溜车。停停放制动器实际上是一个弹簧制动器,利用释放弹簧储存的弹性势能来推动制动缸活塞,带动两级制动杠杆使闸瓦制动。缓解时,则需要向弹簧制动缸充气,通过活塞移动使弹簧压缩,从而释放闸瓦。弹簧制动器一般用电磁阀来控制充气和排气,因此,驾驶员可以在驾驶室内控制停放制动的施加与缓解。

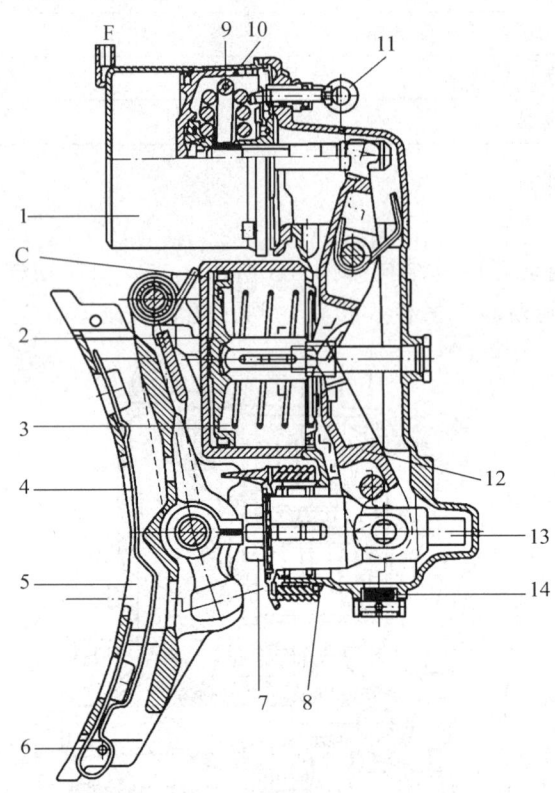

1—弹簧制动器;2—制动缸活塞;3—缓解弹簧;4—锁紧簧片;5—闸瓦;6—开口销;7—调紧螺母;8—闸瓦间隙调整器;9—缓解活塞;10—停放制动弹簧;11—缓解拉环;12—制动杠杆;13—闸瓦间隙自动调整器的推杆;14—滤清器;F—压缩空气向停放制动器充气接口;C—压缩空气向制动缸充气接口。

图 3.4　PC7YF 型踏面单元制动器(带停放制动器)

② 制动施加与缓解原理。

缓解过程:当压缩空气从 F 口进入停放制动器的制动缸,其活塞被推右移,安装在活塞内的双锥形弹簧被压缩,而活塞中心线上的螺杆及螺套也被推动向右运动,但很快螺杆被缸体抵住不能再运动,因为螺套与缸体的距离很小。这时活塞在制动缸中还有很大一段活动距离,还在继续向前压缩锥形弹簧。由于中间的螺杆也是大螺距非自锁螺杆,只要外界有推力,螺杆就能自动旋入螺套内而保持活塞继续压缩锥形弹簧。当锥形弹簧被压缩到位后,活塞才停止运动。在活塞和推杆向右运动时,停放制动杠杆顺时针转动,其另一端将常用制动的活塞杆向左推,使单元制动器处于制动缓解状态。

停放制动施加:当停放制动缸排气时,活塞在锥形弹簧的弹力作用下向左运动,螺套及螺杆也向左运动,带动停放制动杠杆逆时针转动,使常用制动的活塞杆向右推,单元制动器处于制动状态。因为停放制动器在制动状态时不需要压缩空气,仅靠弹簧的弹力就能使单元制动器产生制动作用,所以可以用于无压缩空气的车辆(停放的列车一般都切断电源，空气压缩机停止工作）。随着停放制动缸压力降低，闸瓦压力增大。当停放制动缸的风压为零时，闸瓦压力达到最大，等于停放制动弹簧的伸张力与停放制动倍率的乘积。车辆带风长时间停放，制动缸及其管路压力空气泄漏，停放制动缸压力也逐渐降低，停放制动施加，且闸瓦压力逐渐增大。

车辆停放制动施加后无司机操纵时，若需缓解，可通过拉动辅助缓解装置缓解拉绳（见图 3.5），但是停放制动器人工缓解后需向停放制动缸再次充气，使其复位后，才能实现下次停放制动的施加。

图 3.5　停放制动手动缓解拉绳

2）PEC7 型与 PEC7F 踏面制动单元

（1）PEC7 型踏面制动单元。

城轨车辆采用不带停放制动的 PEC7 型踏面制动单元和带停放制动的 PEC7F 型踏面制动单元（P 表示气动踏面制动单元；E 表示渐开线驱动；C 表示闸瓦间隙调整器型号；F 表示弹簧驱动；7 表示制动缸直径）外形如图 3.6 所示。

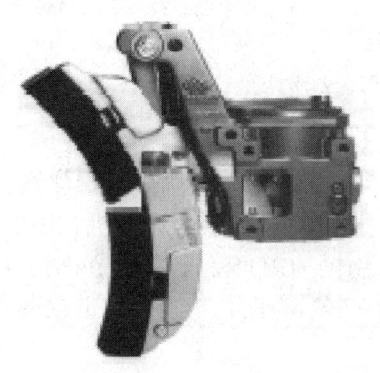 

（a）PEC7 型单元制动机（不带弹簧停放制动器）（b）PEC7F 型单元制动机（带弹簧停放制动器）

图 3.6　PEC7 型踏面制动单元

① 结构。

PEC7 型踏面制动单元基础部件如图 3.7 所示。PEC7 型踏面制动单元结构如图 3.8 所示，它主要由制动缸、活塞、两个对称安装的凸轮盘、间隙调整装置（会根据闸瓦和轮对踏面的磨耗进行自动调节，在执行一次制动后，会自动校正因磨耗增加的间隙）组成。

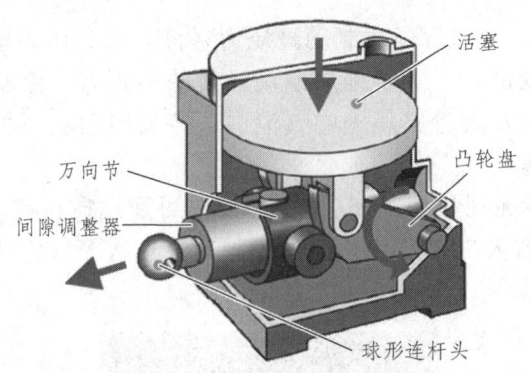

图 3.7　PEC7 型踏面制动单元基础部件

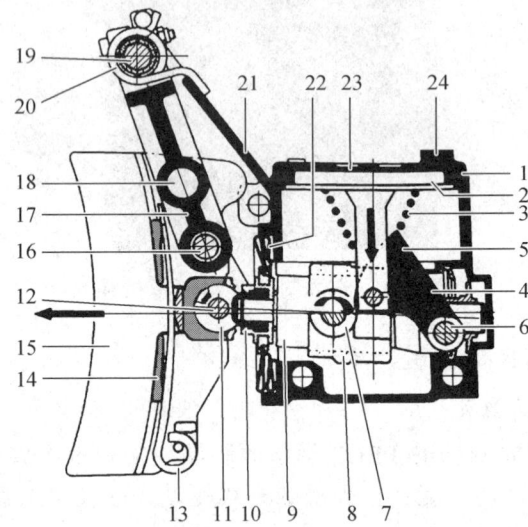

1—活塞垫圈；2—活塞；3—活塞复位弹簧；4—活塞钩；5—凸轮盘；6—轴承销；7—凸轮滚子；8—止推环；9—调节装置；10—主轴；11—球形杆头；12—扭转销；13—闸瓦钎；14—闸瓦垫；15—闸瓦；16—连杆销；17—吊杆；18—摩擦构件；19—吊耳销；20—扭转弹簧；21—套；22—波纹管；23—制动缸盖；24—进/排气口。

图 3.8　PEC7 型踏面制动单元结构

② 工作原理。

制动施加原理：压缩空气通过气孔 24 进入制动缸，活塞 2 压缩活塞回程弹簧 3，通过活塞杆使凸轮盘 5 逆时针转动。凸轮盘沿着凸轮滚子 7 转动并将整个调节机构 9、主轴 10 和闸瓦垫 14 一起向前推，当闸瓦 15 与轮对接触时，制动力就产生了。调节机构 9 由球形杆头 11 和推力环 8 固定，这样可使力平均分布到两个凸轮滚子 7 上，并防止在调节机构 9 的主轴上形成弯矩。

微课堂——踏面制动单元制动施加原理

制动缓解原理：制动缸排气，复位弹簧 3 推动活塞 2 上移，活塞销 4 使凸轮盘 5 顺时针转动，调节机构 9 在其内部弹簧的作用下回移（右移），吊杆 17 在扭簧 20 作用下逆时针转动，闸瓦 15 回移离开车轮踏面，制动缓解。闸瓦垫 14 由一个装有弹簧的壳形联轴节和摩擦构件 18 固定在吊杆 17 上与轮对平行的位置。这样设置可防止在缓解制动时，闸瓦只在一端摩擦引起列车倾斜。

（2）PEC7F 型踏面制动单元。

PEC7F 型踏面制动单元结构如图 3.9 所示，是在 PEC7 型踏面制动单元的基础上增加了一个用于停放制动的弹簧停放制动器。

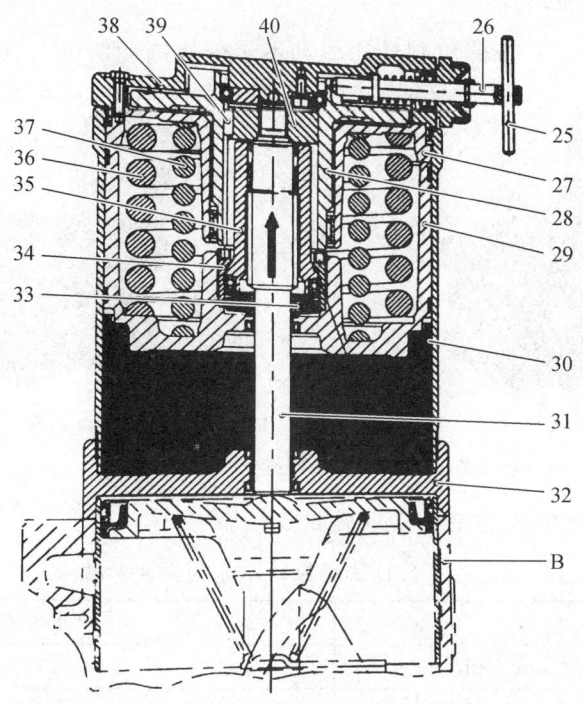

25—定位销；26—挺杆；27，38—盖；28—齿轮；29—停放制动器活塞；30—活塞垫圈；31—主轴；
32—停放制动气缸；33—蝶形弹簧；34—锥形圈；35—螺母；36，37—移动弹簧。

图 3.9　PEC7F 型踏面制动单元结构

① 停放制动的施加。

压力室 F 排气，传动弹簧的力通过活塞、锥形圈、螺母和主轴作用在制动气缸 B 的活塞上，从而使停放制动施加。主轴带有非自锁螺纹，由于锥形联轴节 K 此时处于啮合状态，挺杆锁紧齿轮，因此，主轴可以把传动弹簧的力传给制动气缸 B 的活塞。

② 停放制动缓解。

压缩空气进入压力室 F，将停放制动器的活塞向上推并压缩传动弹簧，主轴和导板经由活塞、锥形圈和螺母也上移，锥形联轴节 K 通过蝶形弹簧预加载，停放制动完全缓解。

③ 停放制动的手动缓解。

如果没有压缩空气且需要缓解停放制动时，可用手拔出挺杆进行紧急缓解。拔出挺杆，缓解齿轮可使主轴旋转；传动弹簧装置的力使活塞和螺母下移至气缸底部，同时主轴转动；齿轮也通过带有半圆键的导板跟着主轴转动。由于大部分弹簧能都可转换为循环能，所以在活塞接触气缸底部时无须再减振。活塞接触气缸底部后，因齿轮的动量很大，零部件继续旋转；主轴和导板一起上移，直到其接触到盖上的滚珠轴承；主轴继续旋转，抵住蝶形弹簧的力拧紧螺母。制动气缸 B 的活塞在紧急缓解时会自动回到缓解位置。

④ 撤销停放制动的手动缓解。

手动缓解后，要施加停放制动，压力室 F 就必须重新充气，使活塞上移；活塞上移使锥形联轴节 K 脱开，使螺母沿着主轴作旋紧运动。当停放制动器的活塞到位时，传动弹簧装置被压缩并为下一步的停放制动做好准备。

3）TFD 型踏面制动单元

TFD 型踏面制动单元有带停放制动功能和不带停放制动两种，其外形如图 3.10 所示。

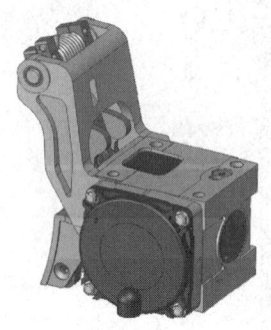 

（a）TFD-1 型踏面制动单元（不带停放） （b）TFD-2 型踏面制动单元（带停放）

图 3.10　TFD 型踏面制动单元

（1）TFD 踏面制动单元的主要参数见表 3.2。

表 3.2　TFD 踏面制动单元的主要参数

参数名称	参数值
制动单元制动缸直径/mm	177.8
最大闸瓦间隙调整能力/mm	≥110
制动闸瓦全行程 L/mm	20±2
制动闸瓦间隙 A/mm	10±2
制动单元一次调整量 $L-A$/mm	≥6
制动倍率	3.38
制动缸输出力/kN	31±1.55（空气压力在 400 kPa）
弹簧停车制动器输出力/kN	≥15
停放总风缓解压力/kPa	≤450

（2）TFD 系列踏面制动单元主要特点.

① 制动力放大机构采用凸轮放大原理，使制动单元质量小、体积小、输出力大且倍率可以自由选取（1.8～4.47）。

② 间隙调整器具有自动辨别弹性变形与闸瓦磨耗的功能，确保闸瓦与车轮踏面的间隙为定值。

③ 制动全行程大（18～22 mm）。

④ 采用了弧形滑块式活动闸瓦托结构，能自动保持闸瓦与踏面的上下间隙均匀。

⑤ 弹簧停车制动器具有快速缓解的特性。

⑥ 可装用带左右手制动的制动单元，以满足不同机车车辆的运用要求。
⑦ 制动缸鞲鞴采用自封结构的橡胶皮碗，拆装方便，延长检修期。

3. 闸 瓦

闸瓦是指制动时，压紧在车轮踏面上以产生制动作用的制动块。

车辆上使用的闸瓦可分为铸铁闸瓦、合成闸瓦、粉末冶金闸瓦。

1）铸铁闸瓦

铸铁闸瓦在铁道车辆上使用已有百年以上的历史。铸铁制动材料的主要优点是摩擦系数受环境影响小且较为稳定，具有"全天候"运行特征；导热性较好，对车轮热损害小；可使车轮踏面粗化，从而获得较大的黏着力，减小车轮的机械擦伤；坚固耐用、价格低廉。但普通灰铸铁（片状石墨）闸瓦的摩擦系数较小，且随着摩擦速度的提升，摩擦系数迅速下降，在列车高速运行时尤为明显，故普通铸铁闸瓦多用于低速运行的客货列车。高速列车使用的闸瓦，可从提高铸铁的含磷量和加入少量合金元素两方面来改进其性能。实际上，现在使用的多种铸铁闸瓦就是中高磷铸铁、含磷蠕墨铸铁、合金铸铁等长寿命的特殊铸铁闸瓦。铸铁的含磷量增加，组织中析出大量磷共晶，使闸瓦的摩擦系数提高、耐磨性改善，列车的制动距离也将缩短。如将含磷量从 0.5% 提高到 3.0%（质量分数）左右，闸瓦的摩擦系数可提高 20%，闸瓦的耐磨性也成比例的提高，制动距离可缩短 30%~45%。但磷增加了铸铁闸瓦的脆性，使用中不可避免地会产生裂纹，故需采用闸瓦背来补强。即便如此，高磷铸铁闸瓦的耐热裂性仍较差，其摩擦系数随列车运行速度的提升而急剧下降的缺点并未得到改善。

2）合成闸瓦

合成闸瓦是由树脂（包括活性树脂）或橡胶、石棉、石墨、铁粉、硫酸钡等材料，以一定的比例混合后热压而成的闸瓦，如图 3.11 所示。

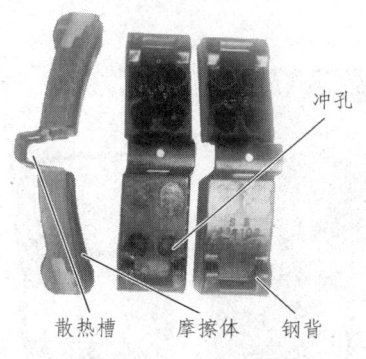

图 3.11 合成闸瓦

合成闸瓦是采用黏合剂将增强材料和填料（三元体）黏结在一起，各自发挥在制动时的作用，直接与对偶件相互作用产生摩擦力。黏合剂主要包括酚醛树脂及其改性物、天然及人工合成橡胶。增强材料主要有石棉、钢纤维、铸铁纤维、人工合成纤维、天然纤维等。大部分无机化合物都能作为填料，发挥改善摩擦系数、温度、速度、曲线形状和稳定摩擦系数的作用，保证行车安全。合成闸瓦在高速时其摩擦系数降低较小，能维持足够的制动力，并可调整材料配比研制出停车时摩擦系数较小的品种，使停车时较为平稳。合成闸瓦的使用寿命随其成分及使用条件的不同而不同，但一般比铸铁闸瓦长 3~10 倍，因此可以大大减少更换闸瓦的工作量，节省维修费用和闸瓦费用。合成闸瓦质量仅为铸铁闸瓦的 1/4~1/3，便于更换闸瓦，并减轻劳动强度。铸铁闸瓦的磨耗铁末易破坏机车车辆的电气设备及轨道回路的绝缘。紧急制动中产生的红热铁末火花，四处飞溅易引起沿线火灾。合成闸瓦在制动时没有或有很少的火花，有利于防止火灾。

合成闸瓦的特点：
（1）摩擦性能可调，改配方和工艺可改变黏着系数。
（2）耐磨性好，一般为铸铁的 3~10 倍。
（3）节约铸铁材料。
（4）对车轮踏面磨耗小。
（5）质量小。
（6）制动时无火花。
（7）摩擦系数变化平稳。
（8）摩擦系数可充分提高。

3）粉末冶金闸瓦

粉末冶金闸瓦以金属粉末为基体，适当添加摩擦剂、润滑剂等成分，通过压制成型，900~1 050 °C 可控高温烧结而制成，如图 3.12 所示。粉末冶金闸瓦具有高而稳定的摩擦系数、耐磨损、导热性优良、抗热裂性好、雨雪天气环境下摩擦系数稳定。其缺点是对车轮刮削倾向大。粉末冶金闸瓦不仅在质量与性能上有突出的优点，而且在组分设计、产品多样化上也极具灵活性。目前，粉末冶金闸瓦主要有铁基和铜基材料两大类，铜基粉末冶金闸瓦虽原材料昂贵，但因其导热性极佳，本身抗热裂，且对制动盘和车轮的热损伤隐患小，故也具有较高的应用价值。以铜铁镍合金为基体的粉末冶金闸瓦已在日本应用，其列车的运行速度可高达 350 km/h。

图 3.12　粉末冶金闸瓦

4）复合材料

为满足铁路营运高速化、重载化，车辆的轻量化以及在规定范围内刹车的要求，材料学家已研究应用了新型复合材料闸瓦，主要有 C/C 纤维复合材料和金属基复合材料。C/C

纤维复合材料是用碳纤维强化碳基体的复合材料,具有质轻、高强度、高模量、低热膨胀系数、高抗裂性和优良的耐高温性能,能在 1 000 ℃ 温度下正常工作。它在飞机和赛车上得到了广泛的应用,法国已在 TGV 高速列车上使用了这种复合材料制动装置,效果显著。金属基复合材料是以铝为基体、以均匀分布的陶瓷颗粒为强化相,它克服了铝材热稳定性差、耐磨性欠佳的缺点,具有较高的强度、优良的耐热性与抗裂性。

4. 闸瓦安装

闸瓦既可由上至下安装,也可由下至上安装,主要取决于上下位置是否有足够的安装空间。踏面制动单元与闸瓦的装配如图 3.13 所示。

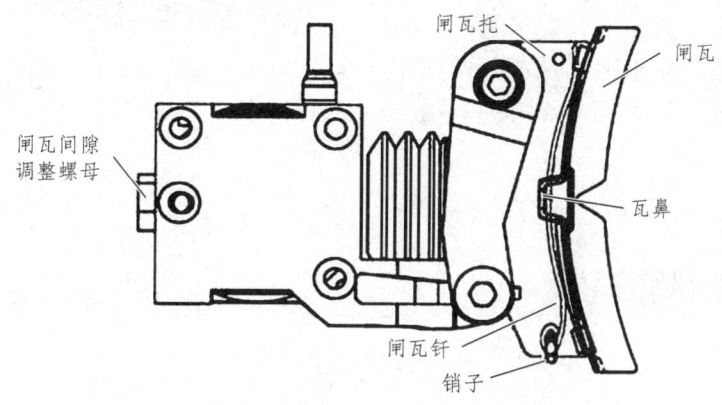

图 3.13　踏面制动单元与闸瓦的装配

(1)用扳手调节闸瓦间隙调整螺母,保证闸瓦托与车轮踏面之间有足够的闸瓦安装空间。

(2)将闸瓦钢背的瓦鼻部分对准闸瓦托中部凹陷位置,闸瓦钢背两端突起部分对准闸瓦托两端的定位槽。

(3)对准位置后将闸瓦推向闸瓦托,保证闸瓦托安装弧面和闸瓦钢背弧面密贴。

(4)用力压紧闸瓦,将闸瓦钎从闸瓦托下方的孔内往上插(可用锤轻轻敲击),必须保证闸瓦钎从闸瓦瓦鼻的孔内通过,瓦钎安装到位后瓦钎销孔要对准瓦托销孔。

(5)用力晃动闸瓦,确保闸瓦和闸瓦托已经紧密连接。

(6)从闸瓦托一侧插入销子,到位后在闸瓦托另一侧将销子用开口销锁定,检查确认销子已穿过闸瓦钎销孔。

5. 踏面制动单元常见故障

踏面制动单元常见故障、故障原因及处理见表 3.3。

表 3.3　踏面制动单元常见故障、故障原因及处理

序号	故障现象	故障原因	故障维修
1	空气泄漏	制动皮碗、密封件不合格	更换故障部件
2	过多闸瓦间隙不调整	引导螺母轴承和弹簧故障	更换故障部件
3	闸瓦间隙不均匀	扎瓦托偏,未调整好	搬正瓦托

续表

序号	故障现象	故障原因	故障维修
4	闸瓦间隙逐渐变小	间隙调整器内制动盘故障	修理或更换部件
5	停放制动缸缓解不彻底	轴承、螺母或丝杠动作不良	修理或更换部件
6	停放制动缸手动缓解时不缓解	手动缓解装置故障	检查更换弹簧或触头

6. 单元制动器的日常检查与测试

（1）目测检查锁紧片、橡皮保护套、闸瓦卡簧及其各螺栓、扭簧铀销卡簧，要求无异常，卡簧无断裂、脱落。

（2）检查管路及紧固件，要求管路无漏气，紧固件完好、无松动。

（3）检查闸瓦。要求闸瓦最薄处厚度不小于 12 mm，要求闸瓦未磨耗到限时，测量闸瓦与踏面间的间隙，调整间隙至（9±1）mm。然后检查并测试停放制动功能（包括人工缓解在内）。

3.2 盘型制动装置

【知识目标】
盘型制动装置的主要构成。
【能力目标】
能够描述盘型制动装置的组成。
【学习内容】

1. 盘型制动装置的结构

目前，国内已经开通运营的广州地铁 3、4、5 号线、深圳地铁 3 号线、上海地铁 11 号线车辆都采用了盘型制动装置。其中，广州地铁 3 号线车辆最高行驶速度 120 km/h，采用轮盘制动；广州地铁 4、5 号线采用轴盘制动。

盘型制动装置的结构如图 3.14 所示，主要包括单元制动缸组件、夹钳装置、闸片和制动盘。单元制动缸组件中有闸调器。夹钳装置由吊杆 3、闸片托 5、杠杆 6/7 和支点拉板 8 组成，夹钳的悬挂方式为制动缸浮动三点悬挂，即两闸片托的吊杆为两悬挂点，另一悬挂点是支点拉板 8。制动时，制动缸活塞杆推出，制动缸缸体和活塞杆带动 2 根杠杆，通过杠杆和支点拉板组成的夹钳，夹紧制动盘的 2 个摩擦面，实现制动。

1）盘型制动单元组成

（1）制动盘。

盘形制动装置根据制动盘安装形式的不同，分为轴盘式和轮盘式两大类。轴盘式盘形制动装置是把制动盘安装在轮轴上，通过某种形式与轮轴固定，使制动盘与轮对同时转动。

轮盘式盘形制动装置的制动盘安装在车轮上。

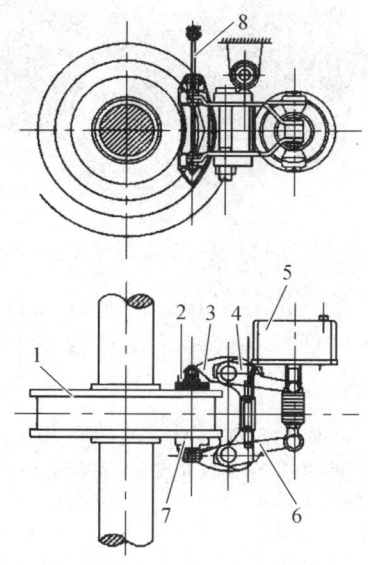

1—制动盘；2—闸瓦托；3，6—杠杆；4—支点拉杆；5—单元制动缸；7—闸片；8—吊杆。

图 3.14　盘型制动装置

一般在空间位置允许的情况下，大多采用轴盘式盘形制动装置。如图 3.15 所示，制动盘通过盘毂与轮轴固定，盘毂是压装在轮轴上的，制动盘通过螺栓紧固在盘毂上，盘毂和制动盘根据需要有多种形式，二者的连接方式应保证制动时，不因制动产生的热量而松弛或分离。根据制动的需要，可在一根车轴上布置 2 个或 3 个甚至 4 个制动盘。

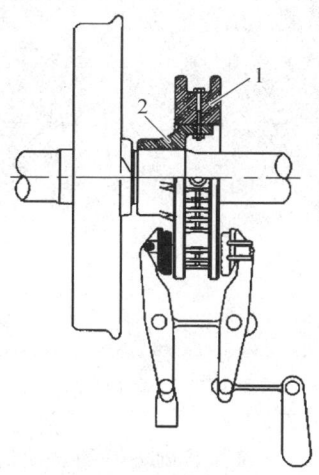

1—制动盘；2—盘毂。

图 3.15　轴盘式盘形制动装置

当轴盘式盘形制动装置受空间限制无法安装（如在动车上由于布置牵引电机而无法安装制动盘）时，可采用轮盘式盘形制动装置。如图 3.16 所示，制动盘与过渡钢盘采取径向连接，过渡钢盘由螺钉安装在车轮轮毂上。

图 3.16　轮盘式制动盘

制动盘的材料有铸铁、铸钢和锻钢等多种，而闸片也有合成材料、粉末冶金等各种材料。城市轨道交通车辆由于车速较低，一般多采用铸铁盘和合成闸片。对合成闸片材料成分的选择，除满足制动摩擦性能的要求外，必须考虑其对环境污染的影响，应符合有关环保要求。对城郊轨道交通车辆，其设计车速可能较高，可通过增设制动盘数量来满足制动要求。如不能增加制动盘数，可通过改变制动盘和闸片的材质（如选择钢盘、粉末冶金闸片）来达到制动的要求。

（2）制动钳单元。

① 不带弹簧制动器的制动钳单元。

不带弹簧制动器的制动钳单元用于常用制动，主要由机壳、隔膜、钳杆、闸瓦间隙调整模块和制动闸片支座等部件组成，如图 3.17 所示。

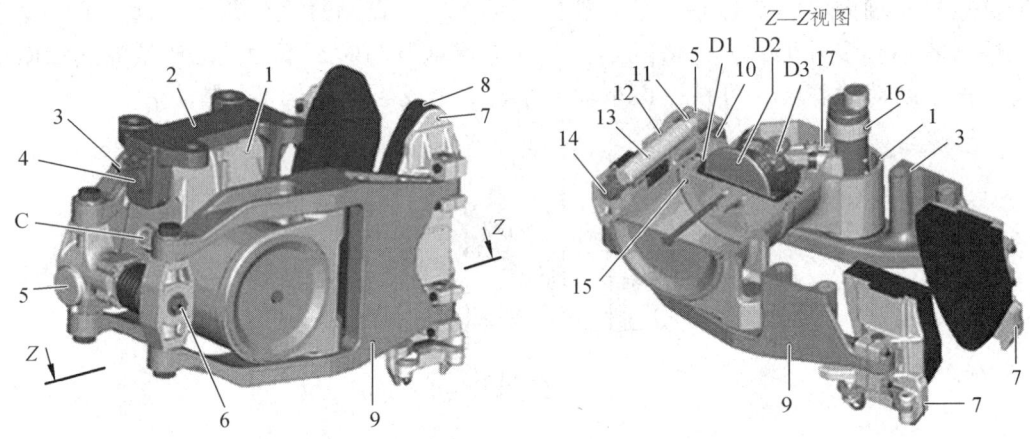

1—机壳；2—托架；3，9—钳杆；4—销钉；5—闸瓦间隙调整模块；6—六角复位头；7—制动闸片支座；
8—制动闸片；10—推杆；11—套筒飞轮；12—扭力弹簧；13—心轴；14—推力螺母；
15—隔膜[包括隔膜（D1）、活塞（D2）、活塞复位弹簧（D3）]；16—偏心轴；
17—杆；C—常用制动供风口。

图 3.17　不带弹簧制动器的制动钳单元

机壳由销钉 4 支撑，该销钉适宜安装在托架 2 中。此托架用 4 个螺栓连接到转向架构架上。隔膜 15 安装在机壳中，用两个形状相同的钳杆 9 以铰链连接。在钳杆的自由端装有闸片支座 7，外加制动闸片 8。钳杆 3 的另一端被铰链连接到闸瓦间隙调整模块 5。隔膜气缸 15 包括隔膜（D1）、活塞（D2）和活塞复位弹簧（D3）。闸瓦间隙调整模块 5 主要包括心轴 13、推力螺母 14、套筒飞轮 11 和扭力弹簧 12。闸瓦间隙调整模块端部的推杆插口用橡胶盖密封，以防尘土进入。

当常用制动供风口 C 处有压缩空气进入时，其压力作用在隔膜 15 内，推动活塞 D2 移动，并带动杆 17 上的偏心轴 16 转动，从而使安装在偏心枢轴上的钳杆 3 转至制动位置，而连接至闸瓦间隙调整器 5 上与之相对的钳杆 9 也转至制动位置，制动闸片 8 接触制动盘，产生制动力。

当常用制动供风口 C 处压缩空气排出时，在活塞复位弹簧 D3 的复原力作用下，偏心轴 16 随活塞 D2 的缩回而转回。心轴 13 在闸瓦间隙调整器 5 内继续转动，直至钳杆 3 和 9 复位，制动闸片 8 离开制动盘，制动缓解。

② 带弹簧制动器的制动钳单元。

带有弹簧制动器的制动钳单元，用作常用制动和停放制动。它主要由机壳、隔膜、钳杆、闸瓦间隙调整模块、制动闸片支座和弹簧制动器等部件组成，具体结构如图 3.18 所示。

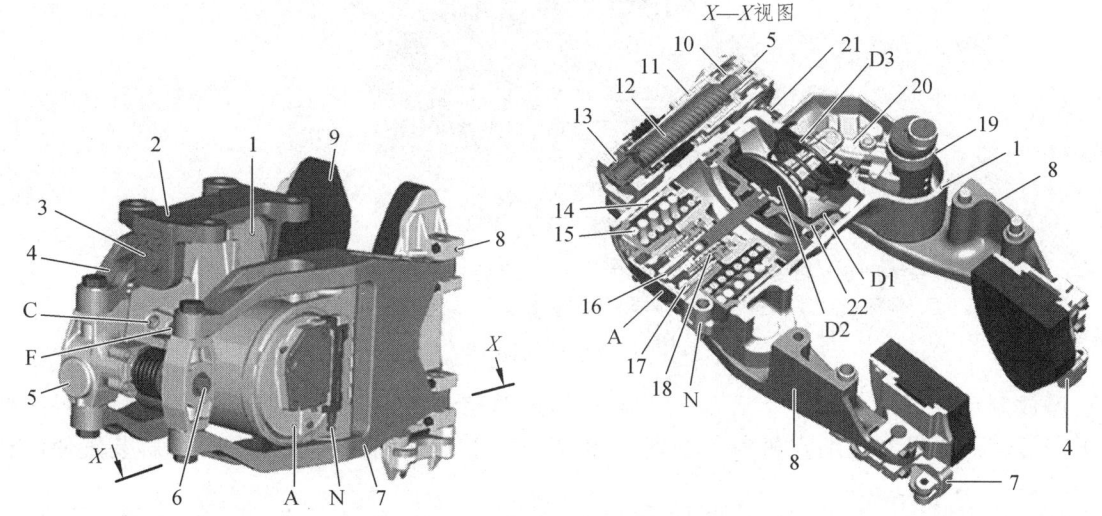

1—机壳；2—托架；3—销钉；4,7—钳杆；5—闸瓦间隙调整模块；6—六角复位头；8—制动闸片支座；9—制动闸片；10—套筒飞轮；11—扭力弹簧；12—心轴；13—推力螺母；14—活塞；15—压缩弹簧；16—螺纹心轴；17—齿轮；18—螺母；19—偏心轴；20—杆；21—推杆；22—隔膜[包括隔膜（D1）、活塞（D2）、活塞复位弹簧（D3）]；
A—弹簧制动器；C—常用制动供风口；F—停放制动供风口；N—紧急缓解装置。

图 3.18 带弹簧制动器的制动钳单元

隔膜 22 安装在机壳内，与无弹簧制动器的制动钳单元中使用的隔膜完全相同。弹簧制动器 A 集成在机壳 1 中。它主要由活塞 14、压缩弹簧 15、螺纹心轴 16 和推杆 21、螺母 18 和齿轮 17 及紧急缓解装置 N 组成。其钳杆 4、7 和闸瓦间隙调整模块 5 与无弹簧制动器的制动钳单元结构相同。

带有弹簧制动器的制动钳单元的常用制动作用与不带弹簧制动器的制动钳单元一致，只是额外增加了停放制动作用，弹簧制动器结构如图 3.19 所示。当停放制动供风口 F 处有压缩空气进入弹簧制动器时，停放制动缓解。以最小缓解压力向弹簧制动器充风，将使活塞 3 和螺纹心轴 8 及推杆移回缓解位置。随着推杆回程，活塞 D1 由活塞复位弹簧 D2 推动回缓解位置，从而打开钳杆，停放制动缓解。

当弹簧制动器排风时可启动压缩弹簧 4。此弹簧的作用力由活塞 3 经锥形联轴节 Y 传递到螺母 7，再从那里转至螺纹心轴 8。螺纹心轴 8 通过活塞的推杆将作用力传递给活塞

D1，推动活塞到达制动位置，停放制动施加。弹簧停放制动器的夹紧力大小与常用制动力无关，且不受隔膜气缸大小的影响。

螺纹心轴 8 和螺母 7 的螺纹为非自锁型。螺纹心轴 8 由一个半圆键约束在齿轮 6 中，以使其在力传递过程中不会在螺母 7 内转动。

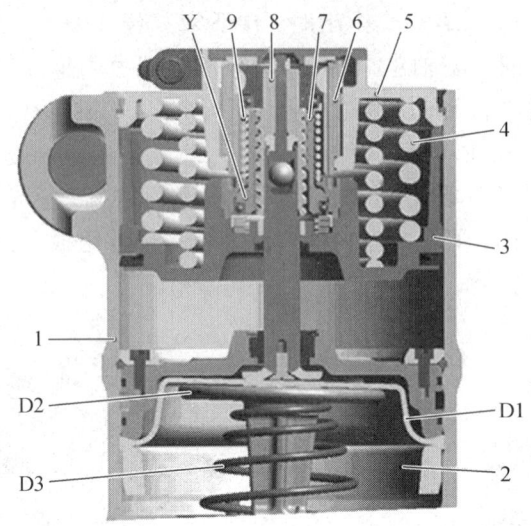

1—机壳；2—隔膜[包括隔膜（D1）、活塞（D2）、活塞复位弹簧（D3）]；3—活塞；4—压缩弹簧；
5—端盖；6—齿轮；7—螺母；8—螺纹心轴；9—压缩弹簧；Y—锥形联轴节。

图 3.19 弹簧制动器结构

停放制动在紧急情况下，弹簧制动器可通过遥控装置由一条连接至紧急缓解装置的线缆进行缓解。当没有压缩空气时（车辆已停放并停机），也可人工拉动紧急缓解装置使停放制动缓解。

2. 闸 片

合成闸片如图 3.20 所示采用复合材料，一个制动夹钳上安装 4 小片制动闸片，两片闸片组成一块安装在一侧，闸片成扇形状，一块组合的闸片上设计 3 条（或 5 条）放射槽，用于闸片散热及排出闸片磨耗后的微小尘粒。

图 3.20 合成闸片

3. 盘形制动的特点

（1）盘形制动装置代替了闸瓦对车轮踏面的摩擦，因而不存在对车轮的热影响，同时也减少了车轮的磨耗，延长了车轮的使用寿命，改善了运行品质，保证了行车安全。

（2）盘形制动的散热性能比较好、热容量大，所以摩擦系数稳定，具有较高的制动功率，能得到较恒定的制动力。

（3）由于可以自由地选择制动盘和闸片的材料，使这一对摩擦副具有最佳的制动参数。可以获得较高的摩擦系数，并且比较稳定。因此可以减小闸片压力，制动缸及杠杆的尺寸都可以缩小，减轻了制动装置的质量。

（4）盘形制动运用经济。一般来说，盘形制动的闸片面积比闸瓦制动的闸瓦面积大，承受的单位面积压力小，它的磨耗率也小。

（5）盘形制动代替闸瓦制动后，使轮轨间的黏着系数有所降低。

KBGM 制动系统

4.1 KBGM 制动系统组成

【知识目标】
掌握 KBGM 制动系统空气控制单元组成。
【能力目标】
能描述 KBGM 制动系统空气控制单元组成及作用。
【学习内容】

1. 概　述

KBGM 制动系统是由德国克诺尔（KNORR）制动机公司生产的模拟式电气指令制动系统。该系统用一条列车线贯通整列车，形成连续回路。采用电控制空气，空气再控制空气的控制方式，其电气指令采用脉冲宽度调制（PWM），能进行无级控制，广泛用于各地铁公司的车辆上，如上海地铁 DC01 型列车、广州地铁 2 号线列车。

KBGM 制动系统制动力分配原则是拖车空气制动优先补充控制。当实际电制动力能满足全列车制动力需要时，全部制动力由动车电制动来承担，动车和拖车都不施加空气制动；当电制动不能满足需求时，首先在拖车上补足不够的制动力。KBGM 制动系统由动力制动系统、空气制动系统及指令和通信网络系统组成。空气制动系统主要由风源系统、控制部分和执行部分组成。

1）风源系统

一般来说，城轨车辆采用电动车组，以单元进行编组；风源系统也是以单元来供风的，每一单元设置一套风源系统，相邻车辆的主风管通过截断塞门和软管连接。一套风源系统可以满足整列车使用，两个单元组成的列车有两套风源系统。

风源系统主要包括空气压缩机组、空气干燥器、主风缸、压力传感器、压力控制器等部件。广州地铁车辆的风源系统安装在 A 车下，上海地铁的安装在 C 车下。

2）执行部分

执行部分由基础制动装置、踏面单元制动器及滑行保护的控制执行元件防滑阀 G01 组成。踏面单元制动器有 PC7Y 和 PC7YF 两种形式。

3）制动控制单元

控制部分是空气制动系统的核心，由带有防滑控制的电子制动控制单元 EBCU 和制动控制单元 BCU、辅助控制单元等组成。

2. 制动控制单元结构与原理

1）电子制动控制单元（EBCU）

电子制动控制单元是控制电空制动和防止车轮滑行的微处理机。每辆车有一个电子制动控制单元（EBCU），用于整个空气制动系统及 WSP 电子控制。每辆车的 EBCU 单独放置，制动控制单元 BCU、辅助控制单元和其他控制阀件整合成制动控制模块安装在每辆车底，图 4.1 所示为电子制动控制单元。

图 4.1　电子制动控制单元（EBCU）

EBCU 通过 MVB（多功能列车总线）实现与列车控制诊断系统的数据交换，同时 EBCU 有连接便携式计算机的串行端口。所有气动参数的信号均以压力传感器或压力开关的电信号形式传送。EBCU 在所有车型之间可以互换，其电路板在车与车之间也具有互换性。

EBCU 通过 MVB 接收各种与制动有关的信号（制动指令值 PWM 信号、电制动实际值信号，载荷信号等）计算所需空气制动力，并输出信号到制动控制单元 BCU。由 BCU 对空气制动进行控制，实现列车制动施加和缓解。同时，EBCU 还实时监控每根轴的转速，一旦任意轮对发生滑行，能迅速向该轮轴的防滑阀发出指令，沟通制动缸与大气的通路，使制动缸迅速排气，从而解除该轮对的滑行现象，实施 EBCU 对各轮对滑行的单独保护控制。此外，EBCU 还具有对本车制动控制系统进行故障诊断和故障存储的功能。

2）制动控制单元（BCU）

（1）制动控制单元（BCU）的组成。

制动控制单元（BCU）的主要功能是形成并调整预控压力，实现对制动缸的充气/排气。制动控制单元（BCU）如图 4.2 所示，它是空气制动的核心，主要由模拟转换阀、紧急电磁阀、称重阀、中继阀（均衡阀）、载荷压力传感器（将载荷压力 T 转换成相应的电信号传输给 ECU）、压力开关 h 等元件组成。制动控制单元采用模块化设计，所有的元件安装在铝合金集成板上。这样设计的目的是便于从车上拆卸和更换，这样做的好处是在不影响列车使用性能的情况下即可完成维护检查或大修。

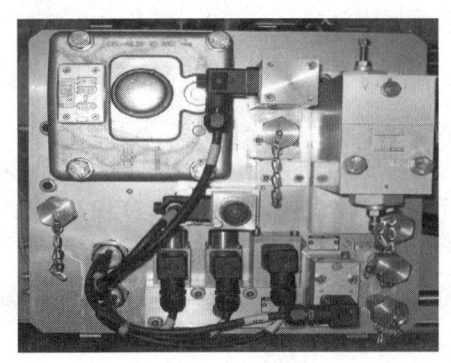 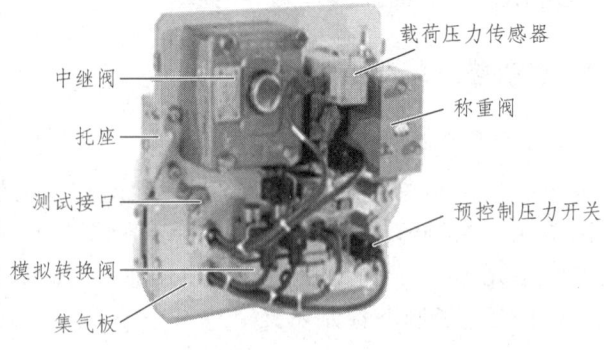

（a）内部结构　　　　　　　　　　（b）外形

图 4.2　制动控制单元（BCU）

BCU 的主要作用是将 ECU 发出的制动指令电信号通过模拟转换阀转换成与之成比例的预控制压力，这个预控制压力是呈线性变化的，同时，它也受到称重阀和防冲动检测装置的检测和限制，再通过中继阀（均衡阀），沟通制动储风缸 B04 与制动缸的通路，并控制进入制动缸的压力，最后使制动缸 C1 和 C3 获得符合制动指令的空气制动压力。

（2）制动控制单元（BCU）的作用原理。

当压力空气从制动储风缸进入制动控制单元后，分成三路，一路进入紧急电磁阀 e，一路进入模拟转换阀 a，另一路进入中继阀 d，其流程如图 4.3 所示。整个制动控制单元犹如一个放大器。

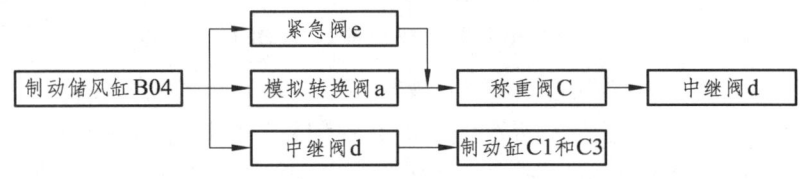

图 4.3　制动控制单元气路流程

① 模拟转换阀。

模拟转换阀（见图 4.4）又称电气转换阀或 EP 阀，由稳压气室、电磁进气阀 3（类似控导阀）、电磁排气阀 2 及气电转换器 1 组成。

当微处理机 ECU 发出制动指令时，进气阀的励磁线圈得电励磁，顶杆克服进气阀弹簧弹力，压开阀芯，打开进气阀，使制动储风缸压缩空气通过进气阀进入模拟转换阀输出口，作为预控制压力 Cv1 输出。Cv1 一路送向紧急阀 e，另一路送向气-电转换器和电磁排气阀口，气-电转换器将该压力信号转换成对应的电信号，并馈送回微处理机。微处理机将此信号与制动指令对应的参考值比较。当小于参考值时，则继续开放进气阀口，预控制压力 Cv1 继续增高；当大于参考值时，则关闭进气阀并打开排气阀，压缩空气从 O 口排向大气，预控制压力 Cv1 降低，当预控制压力 Cv1 降到符合制动指令的要求时，进气阀和排气阀均处于关闭状态。从模拟转换阀出来的 Cv1 压缩空气通过气路板内的气路进入紧急阀的旁路。

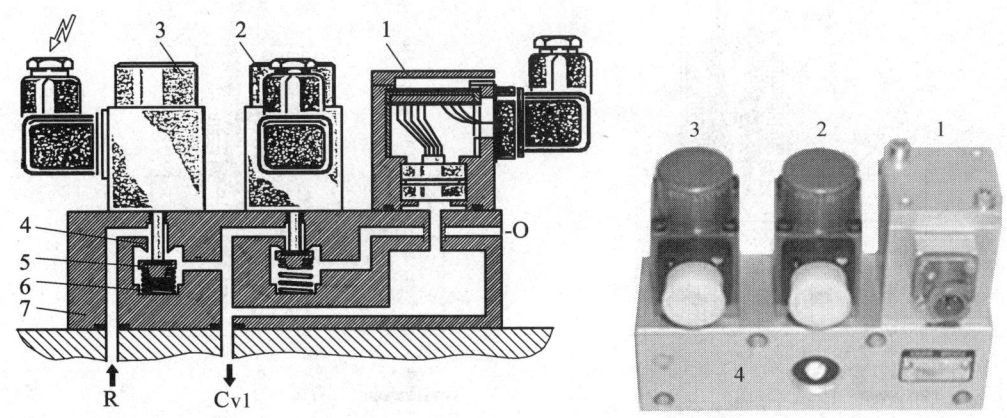

1—气-电转换阀；2—电磁排气阀；3—电磁进气阀（图示线圈处于励磁状态）；4—阀座；5—阀芯；6—弹簧；
7—阀体；R—由制动储风缸引入压缩空气；Cv1—预控制压缩空气引出；O—排气口。

图 4.4 模拟转换阀

电信号向控制压力的转化相对于指令信号是闭环控制，控制回路由充气及排气电磁阀、压力传感器（测量实际压力）及控制两个电磁阀相对于指令信号及实际压力值间差异的调节器组成。EBCU 根据预控压力传感器信号选择性地控制充气或排气电磁阀信号，使指令与制动缸压力间保持有稳定的关系。

动画——模拟转换阀作用原理

制动位：进气阀得电，排气阀失电，压缩空气从制动储风缸 R 进入，输出预控制压力 Cv1 至紧急电磁阀。

缓解位：进气阀失电，排气阀得电，R 通路被切断，预控制压力 Cv1 通过排气阀直到大气 O。

② 紧急阀。

如图 4.5 所示，紧急阀是一个电磁阀控制的二位三通阀，主要由空心阀、阀座，空心阀弹簧、活塞、活塞杆、活塞杆反拨弹簧和电磁阀组成。它的三个阀口分别通制动储风缸（A1）、模拟转换阀输出口（A2）及称重阀输入口（A3）。

在常用制动时，紧急阀的电磁阀得电励磁，阀芯吸起，打开下阀口，由 A4 输入的控制压缩空气送入活塞右侧，推动活塞、活塞杆和空心阀左移，一方面关闭制动储风缸 A1 的气路，另一方面开放 A2 与 A3 的通路，即模拟转换阀与称重阀相通，这时由模拟转换阀输出的预控制压力 Cv1 便可通过紧急阀输出到称重阀。当预控制压力 Cv1 经过紧急阀时，由于阀的通道阻力使预控制压力略有下降，这个从紧急阀输出的预控制压力称为 Cv2。因此，进入称重阀的空气压力为 Cv2。

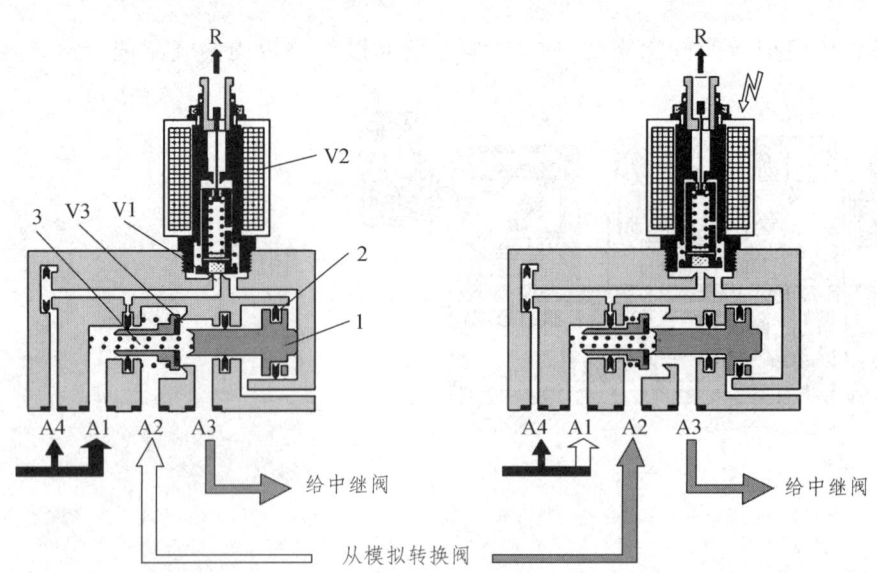

(a) 不励磁工况（失电紧急制动施加） （b) 励磁工况（得电）

A1—通制动储风缸；A2—通模拟转换阀；A3—通称重阀；A4—控制空气通路；R—通大气；
1—活塞及活塞杆；2—密封圈；3—空心阀；V1，V2，V3—阀口。

图 4.5 紧急阀结构

在紧急制动时，紧急阀失电，其电磁阀不励磁，电磁阀阀芯在其反力弹簧作用下，关闭下阀口，切断控制压缩空气的通路（A4），活塞右侧压力空气经电磁阀上阀口 R 排入大气。于是，空心阀在弹簧作用下右移，关闭 A2 与 A3 通路，而活塞在弹簧作用下继续右移，活塞杆顶部离开空心阀，打开 A1 与 A3 通路，制动风缸压力空气越过模拟转换阀而直接进入称重阀。

动画——紧急阀作用原理

③称重阀。

称重阀的作用是根据车辆载重的变化，即根据乘客的多少自动调整车辆的最大制动力，其结构如图 4.6 所示，主要由负载指令部、压力调整部和杠杆部组成。

负载指令部由主动活塞（活塞）、主动活塞膜板、从动活塞、K 形密封圈及调整弹簧、调整螺钉等部分组成。

压力调整部由橡胶夹芯阀、均衡活塞、空心阀杆、阀座、调整弹簧和调整螺钉等组成。

杠杆部由杠杆、滚轮支点和调整螺钉组成。

与车辆负载（车重）成正比的由空气弹簧所输出的压缩空气，经称重阀管座的接口 T 充入膜板 b 和活塞 a 的上侧，形成向下的力，该力通过与活塞连接的作用杆作用在杠杆 m 的左端。由于杠杆左端受向下的力，使杠杆失去平衡，通过杠杆右端推动空心杆 k 上移，使橡胶夹芯阀 h 离开其充气阀座 V21 而被顶开，于是，具有预控制压力 Cv2 的压缩空气经开启的夹心阀阀口充入活塞 j 和膜板 i 的上侧，当作用在活塞和膜板上的向下作用力达到某一值，从而使杠杆处于平衡状态时，夹心阀阀口关闭。活塞和膜板上的空气压力为预控制压力 C_{v3}，经管座的接口及气路板内的通路引向均衡阀，因此，均衡阀动作的控制压力为 C_{v3}。

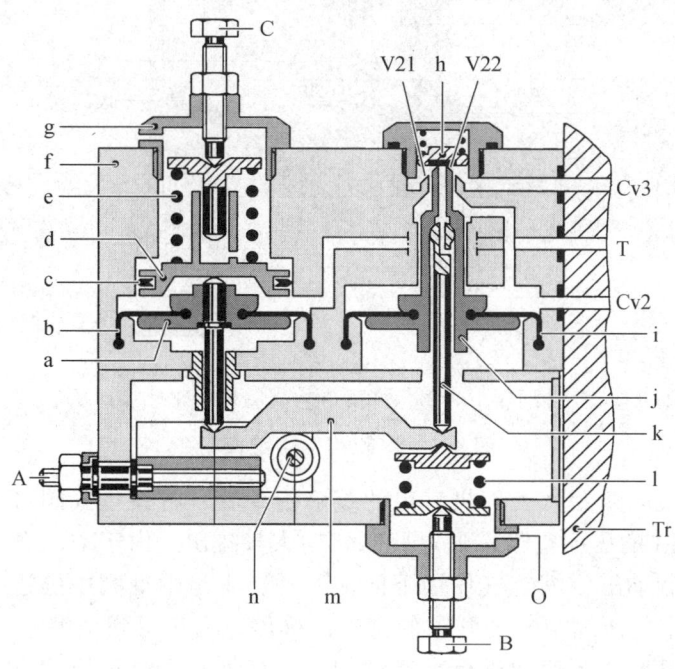

a—活塞；b—膜板；c—密封圈；d—从动活塞；e—压缩弹簧；f—阀体；g—螺盖；h—橡胶夹心阀；i—膜板；j—活塞；k—空心杆；l—弹簧；m—杠杆；n—支点滚轮；A，B，C—调整螺栓；V21—充气阀座；V22—排气阀座；Tr—管座；O—排气口；T—负载压力信号；C_{v2}，C_{v3}—预控制压力

图 4.6　称重阀结构

由于模拟转换阀输出的预控制压力是受微处理机控制的，而微处理机的制动指令本身就是根据车辆的负载、车速和制动要求而给出的。因此，在常用制动中称重阀几乎不起作用，仅起预防作用，以防模拟转换阀控制失灵，而主要作用是在紧急制动发生时体现。

动画——称重阀作用原理

④ 中继阀（均衡阀）。

中继阀由带橡胶阀面的空心导向杆、膜板活塞（即均衡活塞）、进/排气阀座、弹簧等部分组成，如图 4.7 所示。

从称重阀经节流孔 6 进入均衡阀的 C_{v3} 压力空气，推动膜板 M 及活塞 5 上移，排气阀座 V2 被关闭，压缩弹簧 2 的弹力被克服，进气阀座 V1 被打开，使制动风缸经接口 R 进入均衡阀，再经打开的进气阀口、接口 C 充入单元制动缸充风，产生制动作用。同时，该压力经节流孔 4 反馈到膜板活塞上腔 C 的制动缸压力与膜板活塞下腔的压力 C_{v3} 相等时，关闭进气阀口，制动缸压力停止上升。

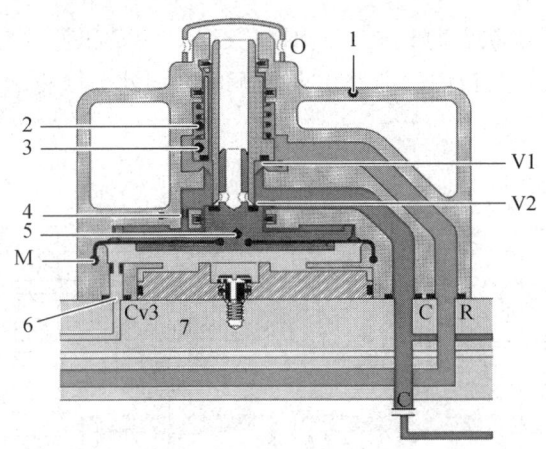

1—外壳；2—压缩弹簧；3—阀导；4—喷嘴；5—活塞；6—节流孔；7—集气板；M—隔膜；V1—进气阀座；V2—排气阀座；R—接口通向制动储风缸；C—通向各个单元制动缸；Cv3—来自称重阀的控制压力（空气）；O—排气口

图 4.7　均衡阀（中继阀）

同样，模拟转换阀接到微处理机发出的缓解指令后，将其排气阀打开，使具有预控制压力 Cv1、Cv2、Cv3 的压缩空气都通过此阀口向大气排出。由于 Cv3 压缩空气的排出，均衡活塞在其上方的制动缸压缩空气作用下向下移动，于是中继阀中的进气阀关闭，排气阀打开，使各制动缸中的压缩空气经开启的排气阀排出，列车得到缓解。

综上所述，中继阀能迅速地进行大流量的充、排气，大流量压缩空气的压力变化是随预控制压力 Cv3 的变化而变化的，并且两者压力的传递比为 1∶1，即制动缸压力与 Cv3 相等，从而实现了小流量压缩空气控制大流量压缩空气。

动画——均衡阀作用原理

（3）制动控制单元 BCU 的工作原理。

制动控制单元 BCU 各部件在气路板上的安装位置如图 4.8 所示。该图是按气路连通关系展开绘制的，显示了各部件之间的气路关系、气路板内的通路，也简略显示出各部件的外形。

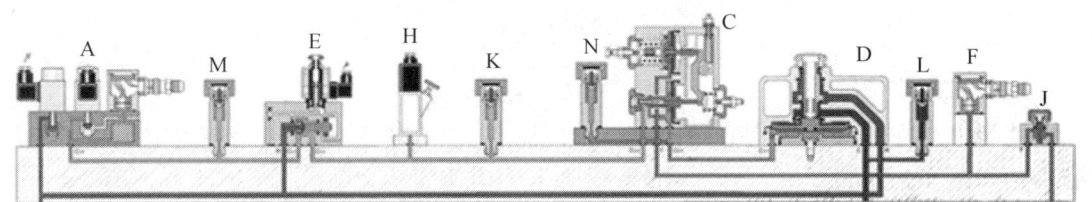

A—模拟转换阀；C—称重阀；D—均衡阀（中继阀）；E—紧急电磁阀；
F—压力传感器；J，K，L，M，N—测试接头。

图 4.8　BCU 各部件在气路板上的安装位置展开图

① 常用制动。

当模拟转换阀（A）的电磁进气阀励磁线圈接收到 EBCU 的制动指令时，吸开阀芯，使压力空气从制动储风缸接口 R 进入模拟转换阀 A，并通过该进气阀转变成与电指令要求相符的压力，即预控制压力 C_{v1}。C_{v1} 经紧急阀 E 成为预控制压力 C_{v2} 由接口 A3 进入称重阀 C。称重阀根据车辆负载对 C_{v2} 再次进行调整，输出预控制压力 C_{v3}。C_{v3} 进入中继阀后推动具有膜板的活塞上移，打开进气阀，使制动储风缸经接口 R 进入中继阀的压力空气通过该开启的进气阀口，经输出口 C 充入各单元制动机的制动缸，产生制动作用。

同样，制动缓解指令也由微处理机发出，模拟转换阀接到缓解指令后，将其电磁排气阀打开，使预控制压力 C_{v1} 通过此阀向大气排出。在紧急阀和称重阀输出口的 C_{v2}、C_{v3} 压缩空气也都被排放，中继阀活塞向下移动，排气阀口开启，使各单元制动缸中的压缩空气经开启的排气阀口和空心导向杆中空通路及排气口 O 排入大气，列车得到缓解。

② 紧急制动。

紧急制动时，紧急阀处于不励磁工况，滑动阀在右侧，接口 A1 和 A3 导通，从制动储风缸接口 R 传来的压缩空气跳过模拟转换阀直接进入称重阀。称重阀根据车辆负载输出最大预控制压力，进入中继阀后使制动储风缸的压缩空气通过该开启的进气阀口和输出口 C 充入各单元制动机的制动缸，产生紧急制动作用。

3. 辅助控制单元

辅助控制单元是一些阀类元件的集中安装屏，这些元件都安装在一块铝合金的气路板上，犹如电子分立元件安装在印刷线路板上一样，便于安装、调试与维修。

1）辅助控制单元气路的主要功能

辅助控制单元气路的主要功能是控制停放制动的施加/缓解，监测常用制动缸/停放制动缸的压力，监测主风管的压力。辅助控制单元的主要组成元件及其功能如图 4.9 所示。

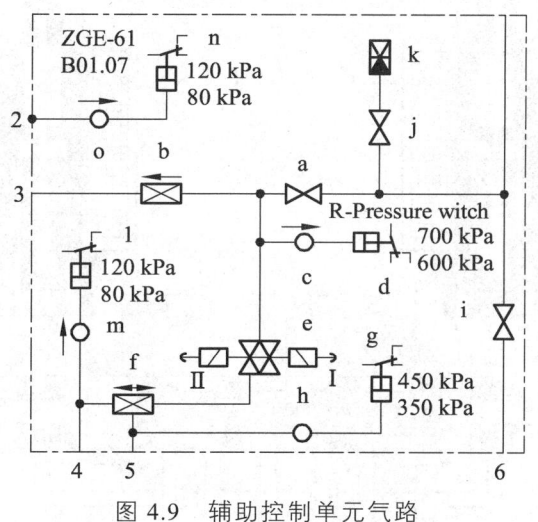

图 4.9 辅助控制单元气路

截断塞门（a），可用来切除制动系统管路与主风管的通路，便于测试与检修。
止回阀（b），防止制动系统管路的压缩空气倒流。
压力测试点（c），测量主风管压力。
压力开关（d），用于监控主风管压力，当主风管压力低于 600 kPa 时，列车将自动实施紧急制动,并牵引封锁;当主风管压力高于 700 kPa 时,列车解除牵引封锁。

脉冲阀(e),用于控制停放制动的施加与缓解。

双向阀(f),防止常用制动与停放制动同时施加时而造成制动力过大。

压力开关(g),用于控制停放制动指示灯的动作。当压力低于 350 kPa 时,停放制动指示灯(蓝灯)亮,表示停放制动已施加;当压力高于 450 kPa 时,停放制动指示灯(蓝灯)灭,表示停放制动已缓解。

压力测试点(h),测量停放制动的压力。

截断塞门(i),用来切除空气弹簧控制系统管路与主风管的通路,便于测试与检修。

截断塞门(j),用来切除车间外接供气管路与主风管的通路。

快速接头(k),快速连接车间外接供气快速接头。

压力开关(l),用于监控转向架 2 常用制动状态。当压力低于 80 kPa 时,表示常用制动缓解;当压力高于 120 kPa 时,表示常用制动已施加。

压力测试点(m),测量转向架 2 制动缸的压力。

压力开关(n),用于监控转向架 2 常用制动状态。当压力低于 80 kPa 时,表示常用制动缓解;当压力高于 120 kPa 时,表示常用制动已施加。

压力测试点(o),测量转向架 1 制动缸的压力。

2)双脉冲电磁阀(停放制动控制阀)

(1)结构。

双脉冲电磁阀是安装在制动控制模块中的一个部件,它允许在每辆车上电动和手动施加停放制动。停放制动采用充气缓解,排气制动。图 4.10 所示为脉冲电磁阀结构。

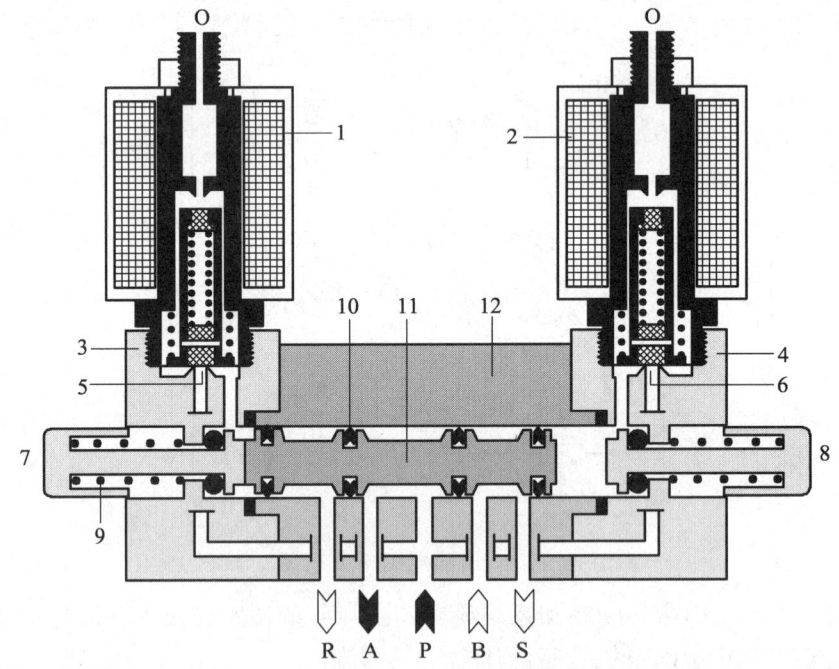

1,2—阀用电磁铁;3,4—阀盖;5,6—阀座;7,8—手动操作按钮;9—弹簧;10—K 形密封环;11—活塞;12—底阀;A,B—用气设备接口;O—排气口;P—压缩空气接口;R,S—排气口。

图 4.10 脉冲电磁阀

（2）作用原理。

停放脉冲阀是先导控制的二位五通阀（R、A、P、B、S），用于气电控制回路中，如果电脉冲被触发，则控制腔充气或排气，或按照顺序交替进行。例如，用于单作用风缸或双作用风缸（操作弹簧驻车制动，控制门风缸等）。其作用原理是当电磁铁1和电磁铁2失电时，城轨车辆处在缓解位，即电磁铁断电，活塞总是处于一个端部位置（图4.10中活塞处于左端，进气口P和排气口A形成通路）。

当电磁铁1得电时，控制空气经阀座5到活塞，使活塞移到右端位。当电脉冲终止时，衔铁同其底座被弹簧压在阀座5上，流进活塞的控制空气被切断，活塞仍留在原处（右端位），操作气流A经排气口R排入大气。当电磁铁2得电时，压力空气驱动活塞运动到左端位。当断电情况下，可以手动操作脉冲电磁阀，按下按钮到停止位，使活塞移到左右两端中的一端，松开手后，按钮复原，活塞停留在原处。

动画——双脉冲电磁阀作用原理

【实践与训练】

项目任务工作单

工作单	KBGM系统的组成
能力训练	
1. 识别下列阀的结构组成，分析其作用过程。 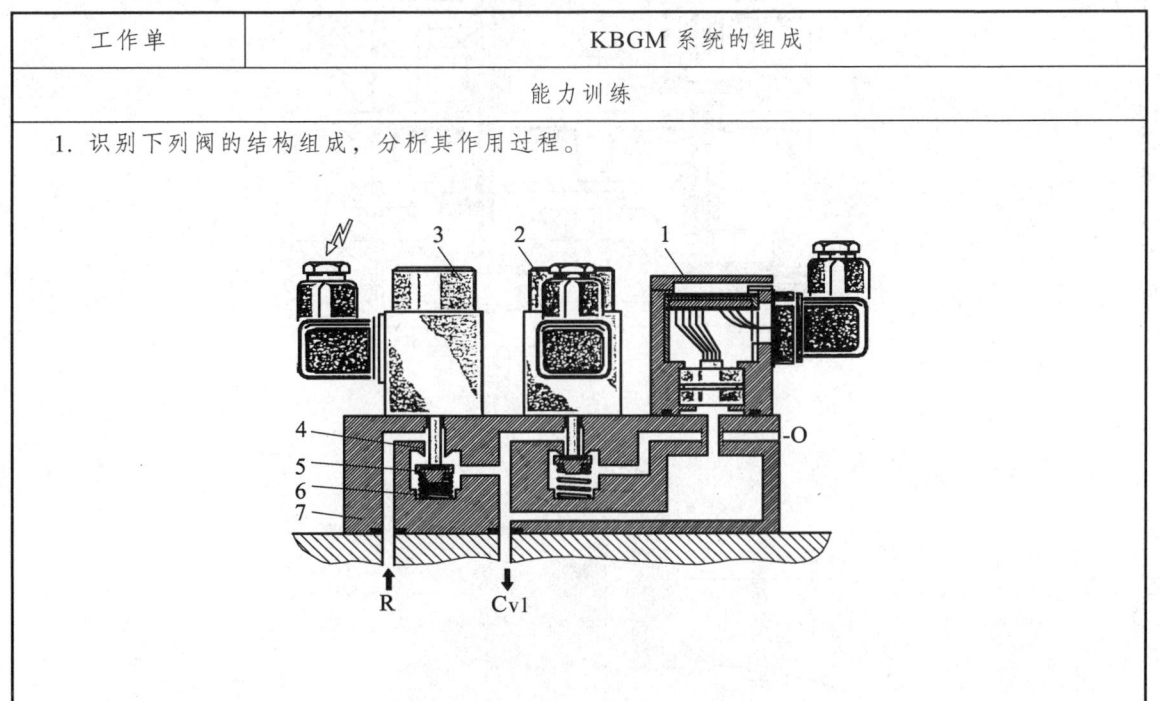	

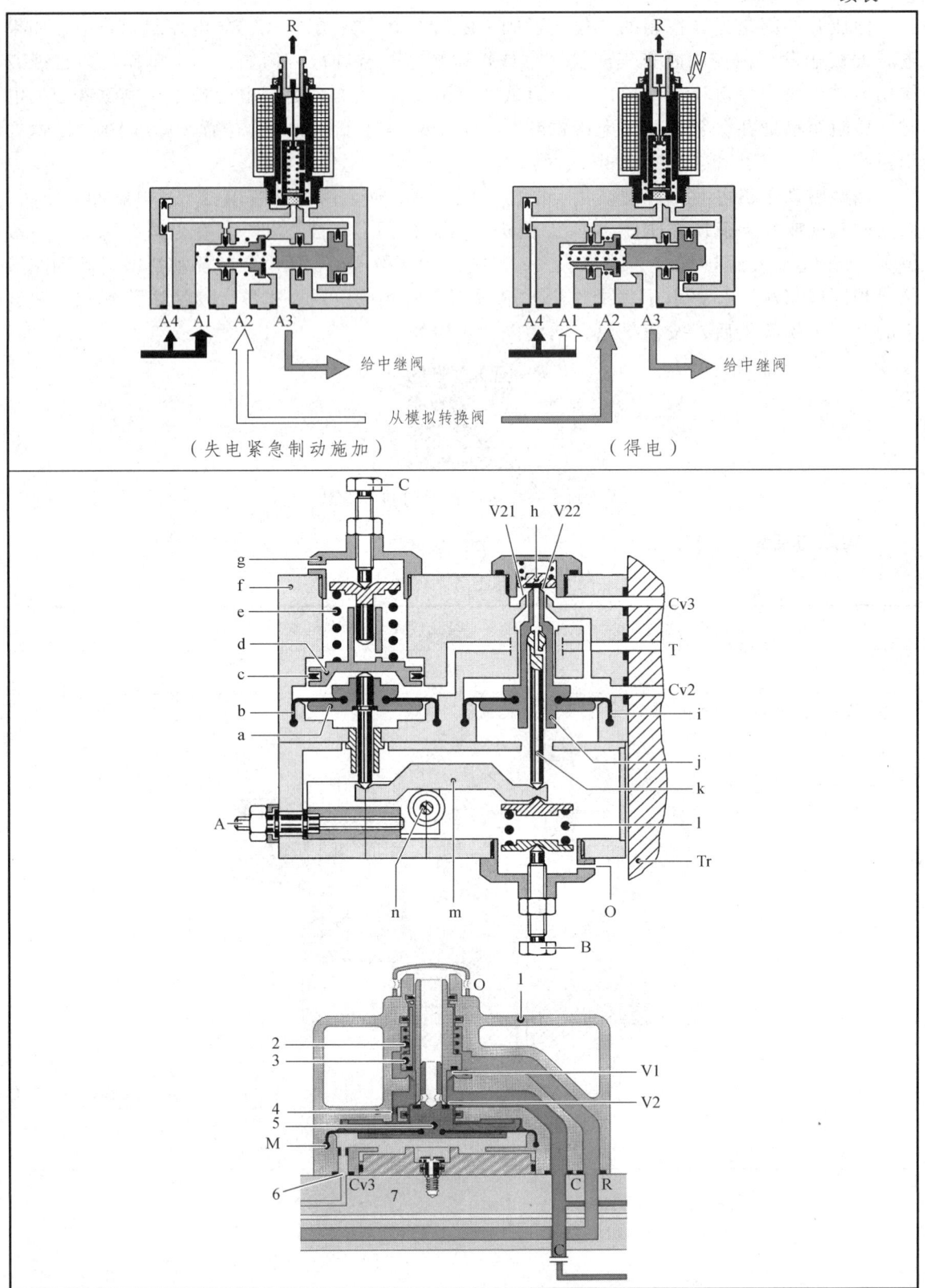

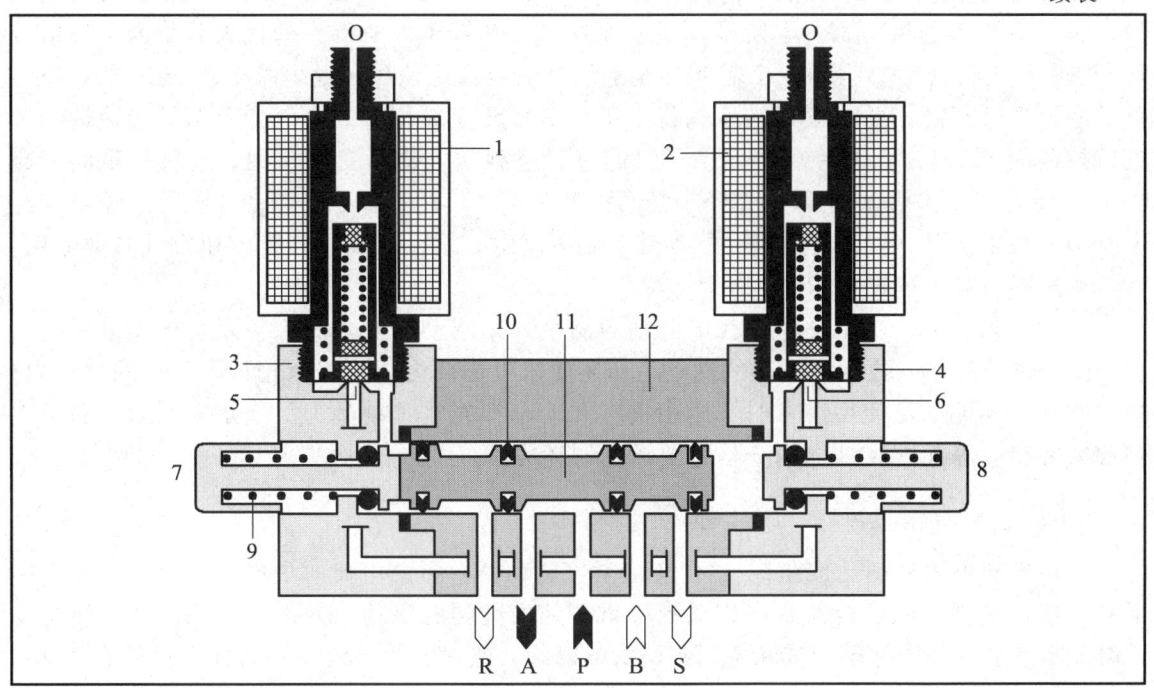

4.2 KBGM 制动控制系统作用原理

【知识目标】

掌握 KBGM 制动系统作用原理。

【能力目标】

描述 KBGM 制动系统作用原理。

【学习内容】

1. 电空联合制动及其转换的原理

在常用制动模式下，电制动和空气制动一般都处于激活状态，主控器产生的制动指令参考值信号通过脉宽调制转换器，转换成 PWM 信号传送给各车的 DCU 和 EBCU。DCU 首先产生电制动，同时向本车及 A 车的 EBCU 发出三个信号（电制动实际值、电制动关闭、电制动滑行），各车 EBCU 根据此信号及 PWM 信号，判断电制动能否满足车辆制动的要求。如果电制动力不足（出现滑行和故障），则同时计算需要补充的空气制动力，并向 BCU 中的模拟转化阀发出空气制动指令值信号，模拟转换阀据此产生相应的制动缸压力。一般情况下[车辆载荷 AW2 以下，速度 8 km/h（可调）以上]，电制动能完全满足车辆制动要求。

1）常用制动作用原理

当司机操纵主控器手柄实施常用制动，或由 ATC 系统实施常用制动时，常用制动的指令信号通过列车总线送给每辆车的 EBCU。EBCU 单元对列车总线送来的常用制动指令信号、牵引系统的电制动力大小信号及通过检查空气弹簧压力所得到的代表载荷大小的信号等，进行综合计算后，得到一个需要补充空气制动电指令信号。此电指令信号被送入 BCU 单元的模拟转换阀，并由模拟转换阀将电指令信号转变成相应的空气指令信号（通过闭环进行控制的）Cv1，Cv1 空气指令信号又通过紧急制动电磁阀变成 Cv2，通过称重阀变成 Cv3，最后去控制中继阀动作，并经中继阀控制开通。其过程如下：制动风缸的压缩空气经中继阀、截断塞门、防滑电磁阀、制动软管到制动缸，再由制动缸产生常用空气制动作用。

快速制动与上述过程相同。

在常用制动下，对于动车，在电制动力满足列车制动的要求时，整列车优先采用电制动，而此时动车不但要承担本车的制动力，还要以电制动力的形式承担拖车所需的制动力；当电制动力不能满足使用需求时，则由拖车和动车补充空气制动力，但是电制动力和空气制动力之和应等于 EBCU 电指令信号要求的制动力。

2）紧急制动作用原理

当司机操纵紧急制动按钮或 ATC 实施紧急制动时，紧急电磁阀失电，紧急制动过程如下：直接开通制动风缸至紧急电磁阀到称重阀到中继阀的气路，并由中继阀动作，使制动风缸的压缩空气经中继阀到截断塞门到防滑电磁阀，经过软管最终到制动缸。停车后紧急制动的缓解通路为制动缸经制动软管到防滑电磁阀，经防滑电磁阀、截断塞门和中继阀排到大气中。

为了安全，紧急制动回路采用失电制动的形式，即一旦失电，将产生紧急制动的过程。当出现以下情形之一时，列车将实施紧急制动。

（1）人工驾驶时松开警惕按钮超时（时间可调）。

（2）按下紧急制动按钮。

（3）列车脱钩。

（4）紧急电气列车环线中断或失电。

（5）制动系统失去 DC 110 V 控制电源。

（6）ATC 系统发出紧急制动指令。

2. 停放制动作用原理

当司机按压停放制动施加按钮时，停放制动电磁阀动作，产生停放制动过程：停放制动缸压缩空气经软管、双向阀，由停放制动电磁阀排向大气，从而停放制动得以施加。当司机按压停放制动缓解按钮时，停放制动电磁阀动作，产生一系列缓解的过程：开通主风缸至停放制动电磁阀、双向阀、软管到停放制动缸气路，给停放制动缸充气。

EP2002 制动系统

5.1 EP2002 制动系统概述

【知识目标】
掌握 EP2002 制动系统组成。
【能力目标】
能描述 EP2002 制动系统组成。
【学习内容】

1. 系统特点

EP2002 制动系统是德国克诺尔公司生产的轨道车辆电气模拟指令式制动控制系统，其核心部件为 EP2002 阀，负责空气制动系统的控制、监控和车辆控制系统的通信。

EP2002 制动控制系统与常规制动控制系统的最大区别在于设计思想不同：常规的制动控制系统采用车控式，即 1 个制动电子控制单元控制同一节车的 2 个转向架；而 EP2002 制动控制系统采用架控式新概念，即 1 个 EP2002 控制 1 个转向架，这样当一个 EP2002 出现故障时，只有 1 个转向架的空气制动失效，减少了对车辆的影响。由于其与常规制动系统相比具有相对突出的优点，目前在国内多条新建轨道交通车辆上得到应用。广州地铁 3 号线是我国首个采用 EP2002 制动系统的车辆项目。

EP2002 制动系统将制动控制和制动管理电子设备以及常用制动（SB）气动阀、紧急制动（EB）气动阀和车轮防滑保护装置（WSP）气动阀都集成为机电包，安装在其所控制的转向架附近。

2. 制动系统总成

1）结构组成

整个 EP2002 制动系统包括 EP2002 阀、指令产生与传输装置、风源系统、基础制动装置以及动力制动装置，如图 5.1 所示。

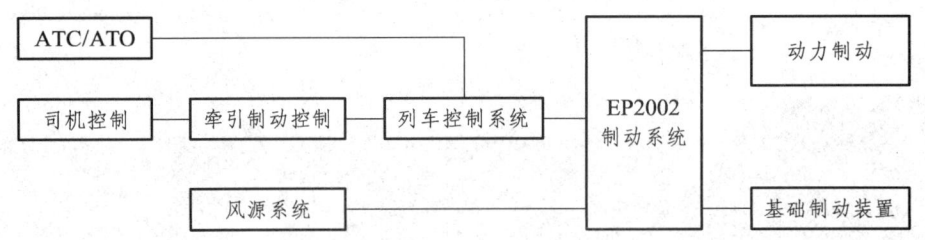

图 5.1 EP2002 制动系统构成

整个 EP2002 制动系统，包括它的空气压缩机、空气干燥塔、大小储风缸、控制单元和检测点，均采用模块化设计，集成度高、结构紧凑、质量小，适用于各种不同的安装方式，使用、维护方便。

2）EP2002 制动系统控制部分的组成

EP2002 制动系统控制部分的核心部件是 3 个机电一体化的电磁阀，即网关阀（Gateway valve）、智能阀（Smart valve）和远程输入/输出阀（RIO valve），如图 5.2 所示。3 个阀分别装在其所控制的转向架附近（每个转向架对应 1 个阀），3 个阀通过专用的 CAN 总线连接在一起。

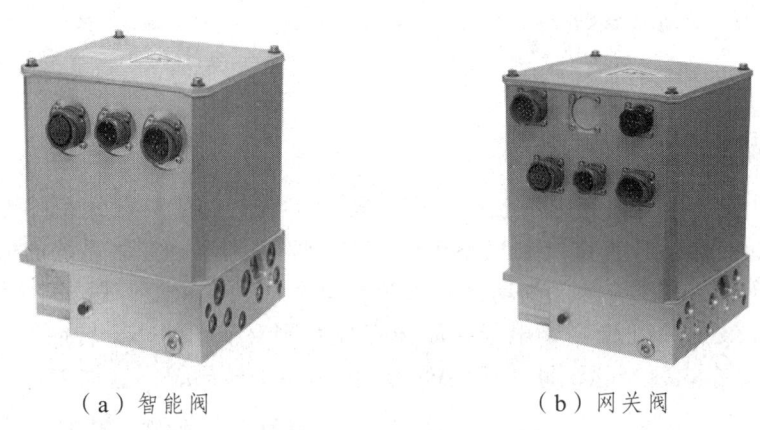

（a）智能阀　　　　　　　　（b）网关阀

图 5.2 EP2002 阀

根据架控的需要，装备 EP2002 制动控制系统的列车，每节车均装有 2 个 EP2002 阀，并且分别安装在其控制的转向架附近的车体底架上。

3）制动控制策略

制动管理器对制动力的分配必须考虑两个原则：空气制动的磨耗最优化和黏着系数的利用最优化，即等磨耗原则和等黏着原则。

制动管理器根据制动指令及车辆载荷的大小连续循环计算车辆所需制动力的大小。制动管理器根据网压、电制动、空气制动的分配特性将总制动力合理地分配给电制动控制单元和空气制动控制单元。如果电制动故障，所损失的电制动力优先由其他动车的电制动补充，如果电制动仍然不足，再考虑空气制动的补充；但无论是补充电制动还是空气制动，应注意黏着系数的利用不能超过规定的最大值（$u_{max}=0.16$）。为了使空气制动的磨耗均匀，制动管理器将空气制动力等值的分配给各个车辆。如果车辆滑行，制动管理器将减小黏着系数的利用，并重新进行电制动和空气制动的分配。制动力重新分配后，如果滑行不再发生，则车辆将保持这种制动力的分配，直至制动指令撤除。

3. 与 EP2002 制动系统有关的首字母缩写词及缩略词

表 5.1 为与 EP2002 制动系统有关的首字母缩写词及缩略词。

表 5.1 与 EP2002 制动系统有关的首字母缩写词及缩略词

ATO	Automatic Train Operation	自动列车运营
ASP	Air Suspension Pressure	空气弹簧压力
BCP	Brake Cylinder Pressure	制动缸压力
CAN	Controller Area Network	控制器局域网络
EB	Emergency Brake	紧急制动
ED	Electro Dynamic Brake	电制动
EP	Electro-Pneumatic Brake	电空制动（机械制动）
FB	Fast Brake	快速制动
GV	Gateway Valve	网关阀
SV	Smart Valve	智能阀
I/O	Input / Output	输入/输出
LRU	Line Replaceable Unit	在线替换单元
MRE	Main Reservoir	主风缸
MVB	Multifunction Vehicle Bus	多功能列车总线
RIO	Remote Input Output	远程输入/输出
PVU	Pneumatic Valve Unit	气阀单元
SB	Service Brake	常用制动
DCU	Draction Control Unit	牵引控制单元
TCMS	Train Control Management System	列车管理系统
VLCP	Variable Load Control Pressure	可变的载荷控制压力

5.2 EP2002 阀的结构及功能

【知识目标】
掌握 EP2002 阀的结构及功能。
【能力目标】
能描述 EP2002 阀的结构及功能。

【学习内容】

1. EP2002 阀的结构

EP2002 阀相当于一般空气制动系统中的微机控制单元（EBCU）加上制动控制单元 BCU 的组合，此外，它还具有网络通信的功能。EP2002 安装在其控制的转向架附近的车体底架上，如图 5.3 所示。所有的 EP2002 阀上都带有多个压力测试口，可以方便地测量储风缸压力、制动机风缸压力、车辆载荷压力以及停放制动缸压力等。

图 5.3 EP2002 阀在车辆上的安装

1）智能阀

（1）结构。

智能阀是一个"机电"装置，包括设备外壳装置、本车制动控制（RBX）卡，供电单元（PSU）卡及气动阀单元（PVU），智能阀结构如图 5.4 所示。

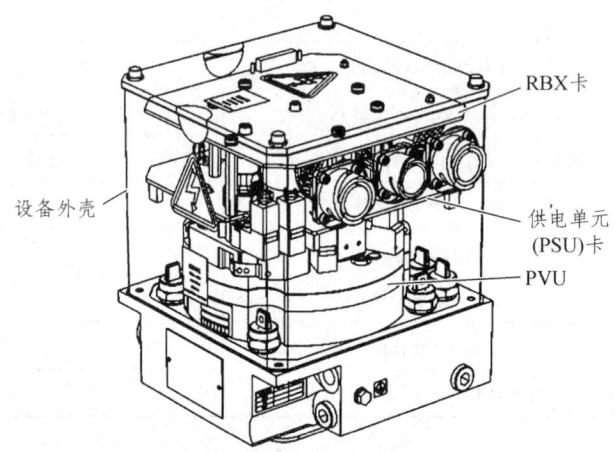

图 5.4 EP2002 智能阀结构

每个智能阀分别按照由其相应的网关阀通过制动 CAN 总线提供的制动要求，利用本车制动控制卡（RBX）来控制其所在转向架上基础制动装置中制动缸压力（BCP），同时还进行每根轴的车轮防滑保护（WSP）控制。

① 设备外壳：采用阳极氧化铝重载挤出成型外壳，它能提供 IP66 级防护，使内部电子部件与外部工作环境隔离。

② 气动阀单元（PVU）：此气动伺服单元由本地制动控制卡发出指令，用来控制进行常用制动、紧急制动和车轮防滑保护的各车轴上的 BCP 压力。

③供电单元（PSU）卡：供电单元卡接收所输入的电池供电和加热器供电。主供电经调控后在内部被传送至设备内的其他电子元件卡上。加热器供电则被传输至加热器单元，使其可以在极低温度下进行工作（如果已在原装设备制造商处安装）。

④本地制动控制（RBX）卡：本地制动控制卡根据主网关单元通过专用 CAN 总线传达的制动要求来控制 PVU 以进行常用制动、紧急制动和车轮防滑保护。

⑤制动管理（BCU）卡：制动管理卡仅安装在 EP2002 网关阀中，包括对整列列车进行制动管理的所需功能，而且还支持可配置的 I/O 端口。如果使用主网关阀，则制动管理功能激活并且与所有其他的智能阀和网关阀通过 CAN 总线建立通信。如果未使用主网关阀而仍使用一个普通网关阀，则 BCU 卡将作为一个远程输入/输出（RIO）工作，可以允许直接进入制动 CAN 总线而无须直接发送线缆信号至主网关阀。

⑥可选网络（COMMS）卡：可选择的网络通信卡仅安装在 EP2002 网关阀中。此卡可以符合 MVP、FIP、LON 和 RS485 接口标准（一个通信卡对应一种协议标准）。通信连接可以用于控制和诊断数据传输。

⑦可选模拟 I/O 卡：可选择的模拟 I/O 卡可安装到各种型号的网关阀和 RIO 阀上，以提供进行常用制动控制所需的模拟信号。

（2）功能。
①常用制动时根据转向架的负载对输出制动压力进行调整并输出制动缸压力。
②紧急制动时根据转向架的负载对输出制动压力进行调整并输出制动缸压力。
③防滑控制（WSP 控制）。
④对制动风缸压力进行监控。
⑤对两个轴制动缸压力进行监控。
⑥对停放制动压力进行监控。
⑦对负载称重进行测量。
⑧通过 CAN 总线与其他 EP2002 阀进行通信，并向网关阀报告本车故障监示情况。

（3）智能阀的输入与输出。

智能阀的输入与输出如图 5.5 所示，两个车轴的速度信息通过速度传感器（2×转速计）与其他 EP2002 阀门通过专用 CAN 总线传来的速度数据，即可进行车轮防滑保护。

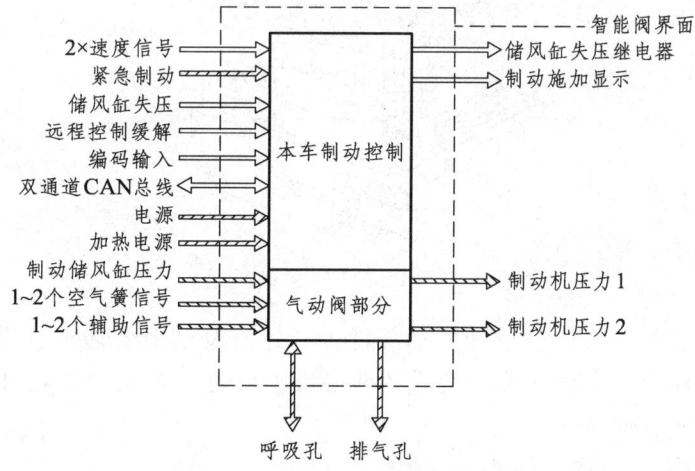

图 5.5　EP2002 智能阀输入与输出

当遇到制动风缸 BSR 中气耗尽时，EP2002 提供一个硬线通告信号给列车管理系统接口。

（4）智能阀连接器。

智能阀连接器如图 5.6 所示。

图 5.6　EP2002 智能阀型阀连接器

PL1 连接器提供轴速度信号，PL2 连接器提供电源、紧急制动硬线信号、制动施加状态信号、制动缓解状态信号、远程缓解的硬线信号；SK1 连接器提供 CAN 网。

2）网关阀

（1）结构。

EP2002 网关阀也是一个"机电"装置，包括设备外壳装置、设备可选网络（COMMS）卡、可选模拟卡本车制动控制（RBX）卡，供电单元（PSU）卡及气动阀单元（PVU）。网关阀结构如图 5.7 所示。

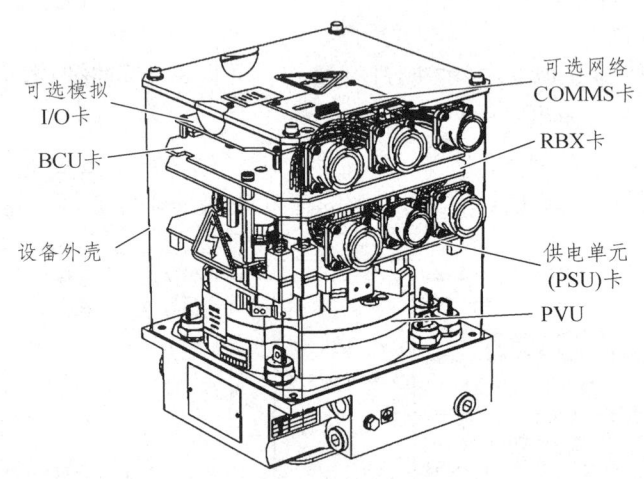

图 5.7　EP2002 网关阀结构

网关阀除有智能阀所有的电子和气动部件外，还有制动器管理卡、模拟信号卡和网络通信卡以及可与各种列车管理系统联网的标准接口（MVB、FIP、LON、RS485）。

（2）网关阀输入与输出。

EP2002 网关阀输入与输出如图 5.8 所示。

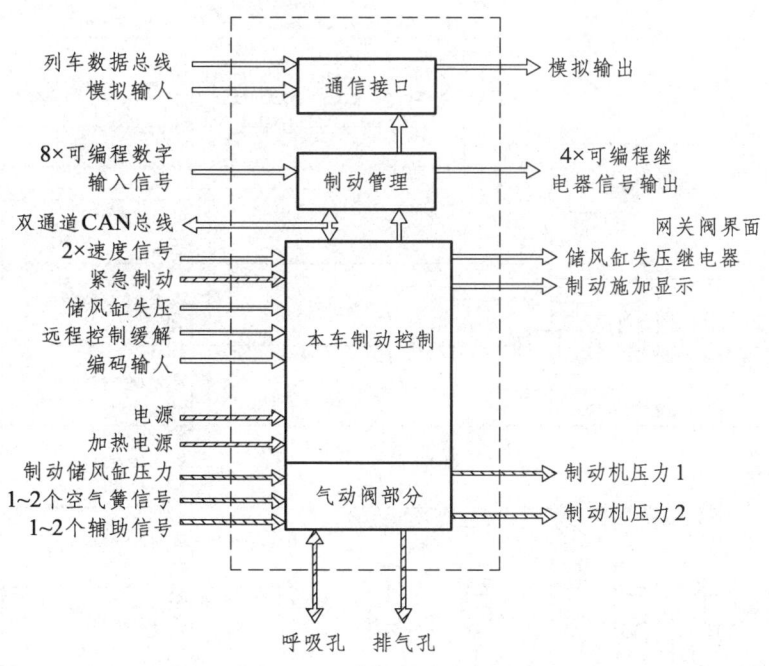

图 5.8　EP2002 网关阀输入与输出

（3）网关阀连接器。

网关阀连接器如图 5.9 所示。

图 5.9　EP2002 网关阀输入与输出接口

PL1 连接器提供轴速度信号；PL2 连接器提供电源、紧急制动硬线信号、制动施加状态信号、制动缓解状态信号、远程缓解的硬线信号；SK1 连接器提供 CAN 网；PL3 连接器提供快速制动硬线信号、非零速信号、超速信号、里程信号；SK2 连接器提供模拟 I/O 接口。

3）EP2002 阀的气动阀单元

气动阀单元（PVU）：此气动伺服单元由本地制动控制卡发出指令，用来控制进行常用制动、紧急制动和车轮防滑保护的各车轴上的 BCP 压力。

网关阀、智能阀中的气动阀单元均相同，其内部气路如图 5.10 所示。

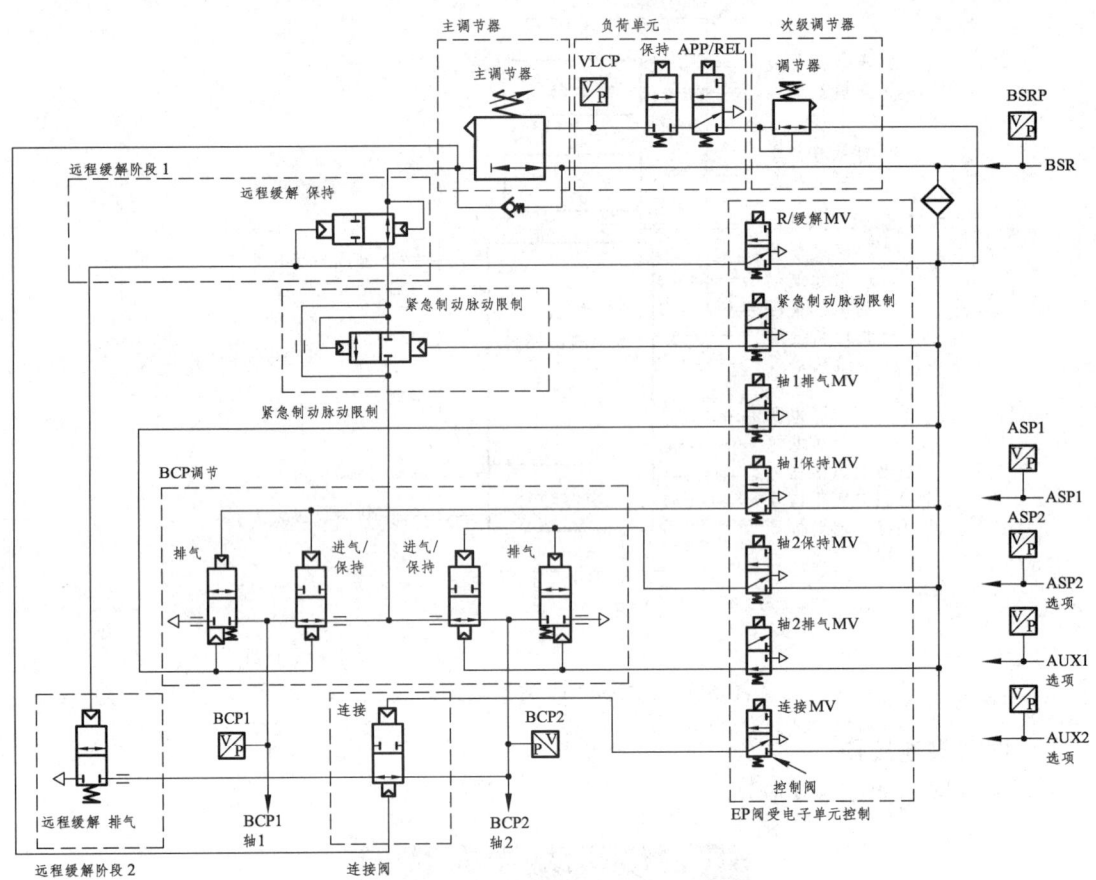

BSRP—制动风缸压力；BCP—制动缸压力；ASP—空气弹簧压力；AUX—总风管压力。

图 5.10　气动阀内部气路示意

（1）主调节器。

气动阀负责调节装置的供风压力并将其降低至一个按负荷增减的紧急制动压力水平。气动阀还负责在电子负荷系统出现故障时，提供机械系统产生的最小紧急制动压力。

（2）次级调节。

在主调节器的上端口，次级调节负责限制通往制动缸的最大压力，该压力为超员载荷下相应的紧急制动力。

（3）负荷单元。

负荷单元负责提供控制压力到主调节器中继阀。这一控制压力作用于常用制动和紧急制动并与空气悬挂压力（ASP）成正比。

（4）BCP 调整。

BCP 调整负责获得主调节器输出压力并进一步将其调整为要求的 BCP 压力。包括每根轴上的 2 个电磁阀和 2 个活塞阀。BCP 调整区域也负责 WSP 时的制动缸压力调节。

（5）连接阀。

连接阀可使 BCP 输出压力汇合到一起或分开。在常用制动和紧急制动时，两个 BCP 输出压力汇合到一起，对每个转向架进行控制。在 WSP 功能激活时，两个轴的压力被分离开来，每个轴的压力取决于 BCP 的压力调整，实现两轴气路孤立。

（6）压力传感器。

压力传感器用于内部调节或外部显示（BSR、载荷重量、BCP、停放制动）。

（7）远程缓解。

远程缓解功能可以使用也可以不使用。当远程缓解输入得电时，供风压力被隔离，制动缸经阀门的输出被排向大气。系统还具有一个硬件互锁，可以在出现紧急制动要求时防止 EP2002 阀被远程缓解。

（8）紧急制动脉动限制。

紧急制动脉动限制可以使用也可以不使用。如果不使用紧急制动脉动限制，则将气路中的紧急制动脉动限制电磁阀换成一块孔板。

2. 辅助控制模块 CUBE

CUBE 是车辆和制动控制装置 EP2002 之间的连接件。辅助控制模块内的所有部件集成在一个铝制气路板上，安装在靠近各车第一个转向架的 EP2002 阀上，其实物如图 5.11 所示。

图 5.11 辅助控制模块

CUBE 由双脉冲电磁阀、止回阀、球阀、过滤器等组成，如图 5.12 所示。

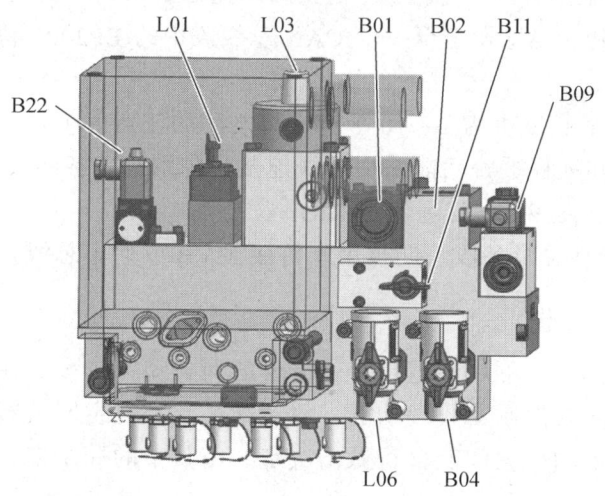

B01—空气滤清器；B02—单向阀；B04—球阀；L06—球阀；B11—二位三通换向阀；B09—停放电磁阀；B22—压力开关；L01—限压阀；L03—减压阀。

图 5.12 辅助控制模块结构

空气滤清器 B01 对输入的总风进行过滤；单向阀 B02 保证充入制动风缸的压缩空气不会回流，保证了制动系统的可靠性；球阀 B04 用于给制动风缸充风和排风；球阀 L06 用于悬挂系统充风和排风；双脉冲电磁阀 B09 用于施加和缓解停放制动；压力开关 B22 以电气方式监控停放缸压力，指示停放是否缓解；当总风压力超出 670 kPa 时，L01 导通并向空簧及空簧风缸供气；减压阀 L03 将供给压力降低至 630 kPa 后输入空气弹簧；测试接头用于外接设备检查压力。

5.3 EP2002 制动系统控制原理

【知识目标】
掌握 EP2002 制动控制系统控制原理。
【能力目标】
能够绘出制动系统网络结构。
【学习内容】

1. EP2002 制动系统网络结构

网关阀、智能阀、RIO 阀三个核心产品，可以通过多种方法安装在一起以满足系统可用性要求和成本要求。但不管系统有何要求，在构建 EP2002 网络结构时都必须遵从下列规定。

1）EP2002 制动控制系统网络结构设计

（1）CAN 网络中至少有一个 EP2002 网关阀来执行制动管理功能（主网关阀）。

（2）主网关阀将制动信息发送至一个 CAN 总线段中的 EP2002 智能阀，或从智能阀处获取制动信息。

（3）CAN 总线段的长度可为 2~10 个转向架之间的任意值（1~5 节车厢）。

（4）紧急制动线和远程缓解功能采用硬线连接，分别进入各网关阀 RIO 阀和智能阀。

（5）对智能阀要求更多 I/O 时则使用 RIO 阀。

（6）专用 CAN 制动总线各段不能被用来桥接 MVB 或列车总线。

2）高可用性网络结构

一般来说，系统要求的可用性越高，所需要的网关阀就越多。在此类网络中，每个网关阀都具有所有预先安装的制动管理功能，每个网关阀都对主网关阀的状态实施监控，如果主网关阀故障，剩下的网关阀能自行做出决定，由其中的一个来接管故障单元的主网关阀的功能。如果第二个单元也出现故障，则由另一个来接管，以此来推。

图 5.13 显示在此基础上提供的最高系统可用性网络。在最坏的情况下，主网关阀故障只会导致丧失一个转向架上的空气制动。

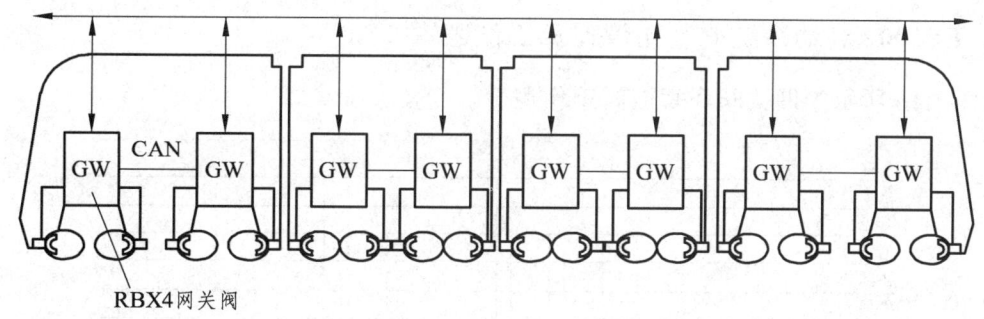

图 5.13　最高可用性网络结构

3）低成本网络结构

如果一个网络的重点不是最大限度地提高可用性，从成本角度考虑，则网关阀的数量可以减少。如果在 EP2002 网络内只使用一个网关阀，则该单元在发生故障时将导致列车全部空气制动的丧失。应该在最低成本和因网关阀故障造成的可以接受的制动丧失之间找到一个平衡。其网络结构如图 5.14 所示，一个网关阀被定义为主网关阀，另一个网关阀被定义为从网关阀。当主网关阀出现故障时，从网关阀会自动接管主网关阀的工作，保证系统的冗余性。如果 MVB 总线出现故障，网关阀则按默认状态工作。此外，CAN 总线由两对双绞线组成，具有较好的冗余性。

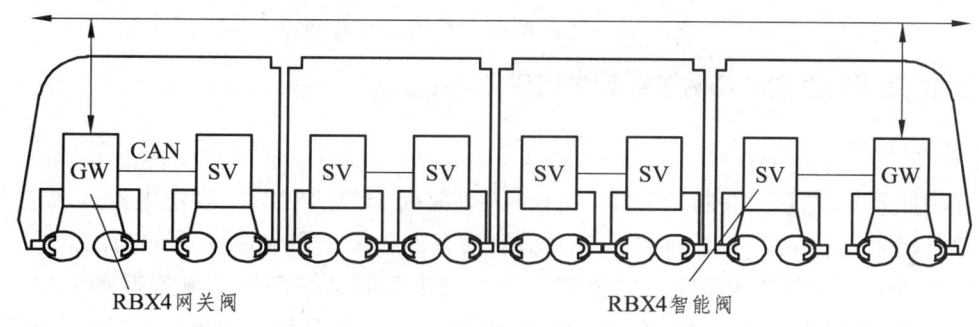

图 5.14　最低成本网络结构

某地铁一号线网络就是采用了低成本网络结构，如图 5.15 所示。

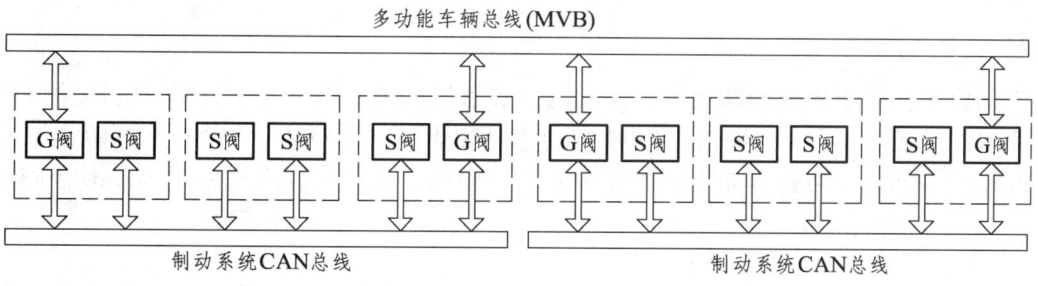

图 5.15　制动系统网络结构

2. EP2002制动系统的制动管理及工作逻辑

如图 5.16 所示为网关阀和智能阀工作逻辑。

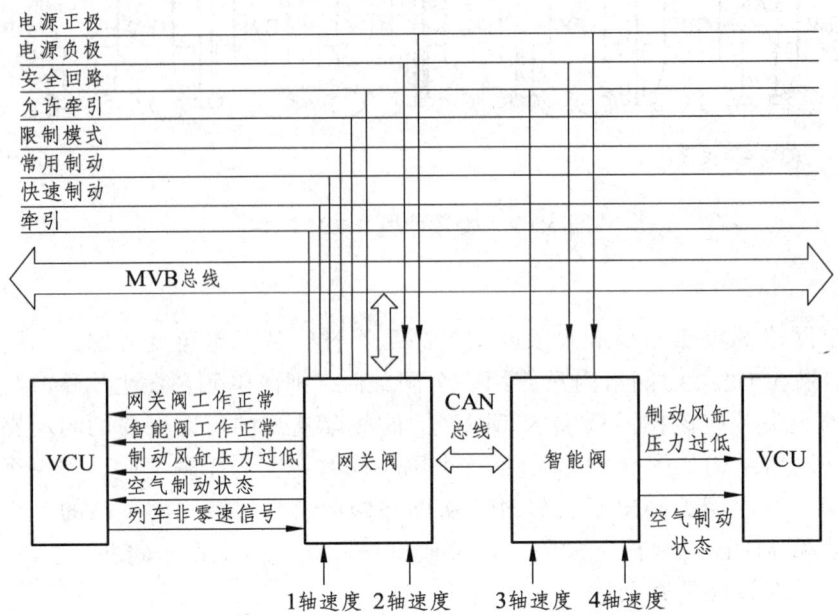

图 5.16 网关阀和智能阀工作逻辑

EP2002 型制动系统的控制过程和作用原理如下。

1）常用制动

在常用制动模式下,电制动和空气制动一般都处于激活状态,以便电制动和空气制动之间能及时转换,优先采用电制动。常用制动具有冲击极限限制和防滑的功能。

每个 EP2002 阀测量本转向架的负载,并通过本车制动控制板传输数据到 CAN 总线。CAN 总线内的主网关阀通过 MVB 总线或其他总线与列车控制系统进行通信,根据列车控制数据和转向架负载为本车的每个转向架产生单独的、与负载信号相关的空气制动指令,再通过 CAN 总线将指令发给各个 EP2002 阀。上述过程考虑到了每个转向架的黏着限制情况,每个局部制动控制板通过气动阀和气动阀单元内的传感器反馈信号提供闭环空气制动控制。

2）快速制动

当司机手柄处于快速制动挡时,快速制动被触发。快速制动与紧急制动的制动力相同,但是快速制动是可逆的(可撤销)。快速制动也是优先使用电制动,当电制动故障或不足时,由空气制动来补充。快速制动有防滑保护和冲动限制,其工作原理与常用制动时相同。

3）紧急制动

紧急制动是通过列车安全回路来控制的。紧急按钮被按下、列车超速、警惕按钮松开、车钩断钩和 ATP 系统的报警信号等都会触发列车紧急制动信号。紧急制动信号一经触发,列车安全回路中断，触发信号传输给列车控制单元和牵引控制单元。牵引控制单元中断牵引系统工作。紧急制动全部由空气制动承担，而且制动命令是不可自动恢复的。紧急制动有防滑保护，但不受冲动极限限制。

4）停放制动

停放制动采用带弹簧制动器的单元制动机，利用释放弹簧储存的的弹性势能来推动弹簧制动缸活塞，带动两级杠杆使闸瓦制动。停放制动的缓解则需要向弹簧制动缸充气，通过活塞移动使弹簧压缩，从而使制动缓解。这种单元制动机还具有手动缓解停放制动的功能。EP2002 阀将实时监控停放制动缸的空气压力。

5）保压制动

保压制动是 ED 制动与 EP 制动的混合制动模式，在列车速度降至 8 km/h 时，TCMS 发出"停车制动请求"指令，经短暂延时，平稳地施加空气制动取代电制动，直至列车速度达到 v=0.5 km/h，再由 EP 制动实施保压制动（70%的常用制动力）。

正常时，BCU 接收到来自 TCMS 的保持制动缓解指令来缓解保持制动。TCMS 接收 DCU 发送的牵引力值并进行计算，当总的牵引力大于车辆下滑力时，发出保持制动缓解指令。

紧急牵引模式下，BCU 接收到牵引指令，并检测到列车速度超过规定值时（具体速度值由调试时确定），自动缓解保持制动。

6）防滑保护

轮对防滑保护系统采用轴控，主要由防滑阀、测速齿轮、速度传感器和防滑电子控制单元构成。防滑电子控制单元和防滑阀都集成在 EP2002 阀内。

系统通过控制制动力来检测和校正车轮滑行。安装于每根轴上的速度传感器用来监控轴速，这个信息共享于 CAN 区域内的 EP2002 阀。

如果 EP2002 阀检测到滑行，它将通过控制制动缸压力来校正该轴上的车轮滑行。当列车制动并且检测到滑行存在时，车轮防滑保护控制能独立控制每根轴的制动力。以下两种检测车轮滑行的方法可用于确定低黏着情况的存在：

（1）单一车轴的减速过量。

（2）车轴与车轴最高转速之间出现的速度差。

当控制系统通过以上方法检测到滑行时，将以规律的间隔进行地面速度检测，获得实际列车速度，准确地控制滑行深度，改善轮轨附着力情况。当防滑保护系统判定附着力恢复，系统回复初始状态，并停止地面速度检测。

电制动的滑行控制优先于空气制动。当滑行车的电制动力降低时，那么损失的制动力平均分配在拖车和故障动车上。

DCU 检测到滑行后，发出电制动滑行信号。BCU 在收到电制动滑行信号时，暂不进行防滑保护。BCU 在检测到列车深度滑行（轴速于列车参考速度差达到 15%～20%）1 s 后，发送电制动切除信号，切除该车的电制动力。防滑保护以轴为单位实施，通过控制制动缸压力来修正滑行的车轴速度。

7）远程缓解

EP2002制动系统允许从远程位置（如驾驶室）下达制动控制缓解命令，目的是帮助危险的深隧道搁浅列车恢复运行。远程缓解排气阀属于EP2002阀内的控制部件。当远程释放输入启动时，供气压力被远程缓解保持阀隔断，来自制动缸的压缩空气通过远程缓解排气阀排放到大气中。远程缓解功能不能超越紧急制动，另设有一个硬件连锁，可以在出现紧急制动时阻止EP2002阀远程释放。

8）制动指示

制动指示独立于EP2002微控制器。当压力大于40 kPa时，无电压继电器输出进行指示。

9）位置编码

装置带有一个位置编码插头输入。装在阀门安装集合管上的插头用来依据列车位置调整紧急制动压力控制（ASP与VLCP的关系）。位置编码可以使相同的EP2002硬件安装在车组内的多个位置，也可以用于CAN总线网络配置。EP2002阀编码插头如图5.17所示。

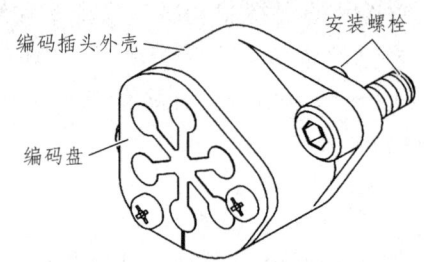

图5.17　EP2002阀编码插头

10）自检

网关阀或EP2002调试终端可以要求系统进行自检，以便在得到指令时主动检查并检测硬件故障。阀门仅在工作环境可以保证自检工作不会危害到系统安全时才会进行自检。自检的结果和状态都会通过网关阀报告给列车管理系统。

司机操作HMI自检按钮后满足下列所有条件后触发自检：

（1）列车处于静止状态。

（2）无紧急制动施加（仅有常用制动）。

（3）总风压力不低于750 kPa。

（4）手柄处于最大常用制动位。

（5）停放制动缓解。

制动系统自检的内容：

（1）常用制动。

（2）紧急制动。

（3）防滑保护。

（4）制动网络通信。

（5）速度传感器状态。

实时自检是指，列车运行过程中，制动系统会自行连续监测并评估阀的状态，而不影响阀的动作，同时还监测CAN总线和速度传感器的状态。

制动系统实时检测内容至少包括：

（1）制动控制单元检测。
（2）速度传感器检测。
（3）制动内部通信检测。
（4）制动响应检测。
（5）载荷检测。
（6）压力传感器检测。

5.4　EP2002气路原理

【知识目标】
1. 掌握空气管路系统的组成。
2. 掌握供风系统、制动控制装置和基础制动装置气路原理。

【能力目标】
能识别空气制动系统气路图。

【学习内容】

1. 空气制动系统管路系统组成

为了对空气管路系统进行区分，对各模块进行编号。

1）压缩空气供给装置（A组）

该组设备负责为列车提供并储存充足、干燥、洁净、压力合适的压缩空气，主要包括空气压缩机组、双塔式空气干燥器、压力开关、精细过滤器、主风缸等。

2）制动控制装置（B组）

制动控制装置的核心部件是EP2002网关阀和智能阀。它主要包含了制动控制和车轮防滑两大微机控制功能，其余外围控制部件主要集中布置在辅助控制模块中。

3）基础制动装置（C组）

安装在转向架上的制动设备主要是两种单元制动器，其中一种带停放制动功能。两种单元制动器数量相等，每轴安装一个带停放功能的单元制动器，在转向架内部对角布置。

4）车钩操作装置（W组）

该组设备用于车辆之间的连挂和解编，包括电磁阀、软管和塞门等。

5）升弓装置（U 组）

该组设备用于气动升弓，它包括脚踏泵、电磁阀、电动升弓泵以及操作所需的一些辅助装置。

6）空气悬挂装置（L 组）

该组设备用于保证车辆地板设定的高度不随载荷的变化而变化，系统采用三点调平式。

7）防滑装置（G 组）

车轮防滑设备主要是转向架上安装在轴箱外侧的车轴速度传感器等信号采集设备。

8）轮缘润滑装置（V 组）

该设备主要是一个球阀，用于控制主风管向轮缘润滑设备供风。

9）其他部件/系统（如塞门、管路等）

2. 空气制动系统原理图

Tc 车空气制动系统的管路原理如图 5.18 所示。
Mp 车空气制动系统的管路原理如图 5.19 所示。
M 车空气制动系统的管路原理如图 5.20 所示。

当列车的总风管压力降到 750 kPa 时，列车的主空压机开始启动，压缩空气输送到总风管后通过球阀和主风软管连接到相邻的车辆中，每节车主风管压缩空气的一部分输送到主风缸中，另外一部分通过过滤器 B01、止回阀 B02、球阀 B04 输送到制动风缸 B03 中，第三部分通过溢流阀 L01 输送到悬挂风缸 L02 中。

当列车需要缓解停放制动的时候，制动风缸的压缩空气通过双脉冲电磁阀 B09、球阀 B11 将压缩空气输送到停放制动缸中，停放制动缓解。当列车需要制动的时候，制动风缸 B03 的压缩空气通过球阀 B05 将压缩空气输送到网关阀或智能阀中。网关阀及智能阀根据制动需求将适量的压缩空气输送到基础制动装置的常用制动缸中，从而实现需求的制动。

当列车的载重增加的时候，列车的高度阀的充风阀座打开，悬挂风管的压缩空气通过减压阀 L03、球阀 L06 以及高度阀 L07 将压缩空气输送空气弹簧中，从而使列车高度上升至高度阀 L07 的阀座关闭；当列车的载重减少时，列车的高度阀的排风阀座打开，空气弹簧中的压缩空气通过高度阀 L07 排出，从而使列车的高度降低至高度阀 L07 的阀座关闭。

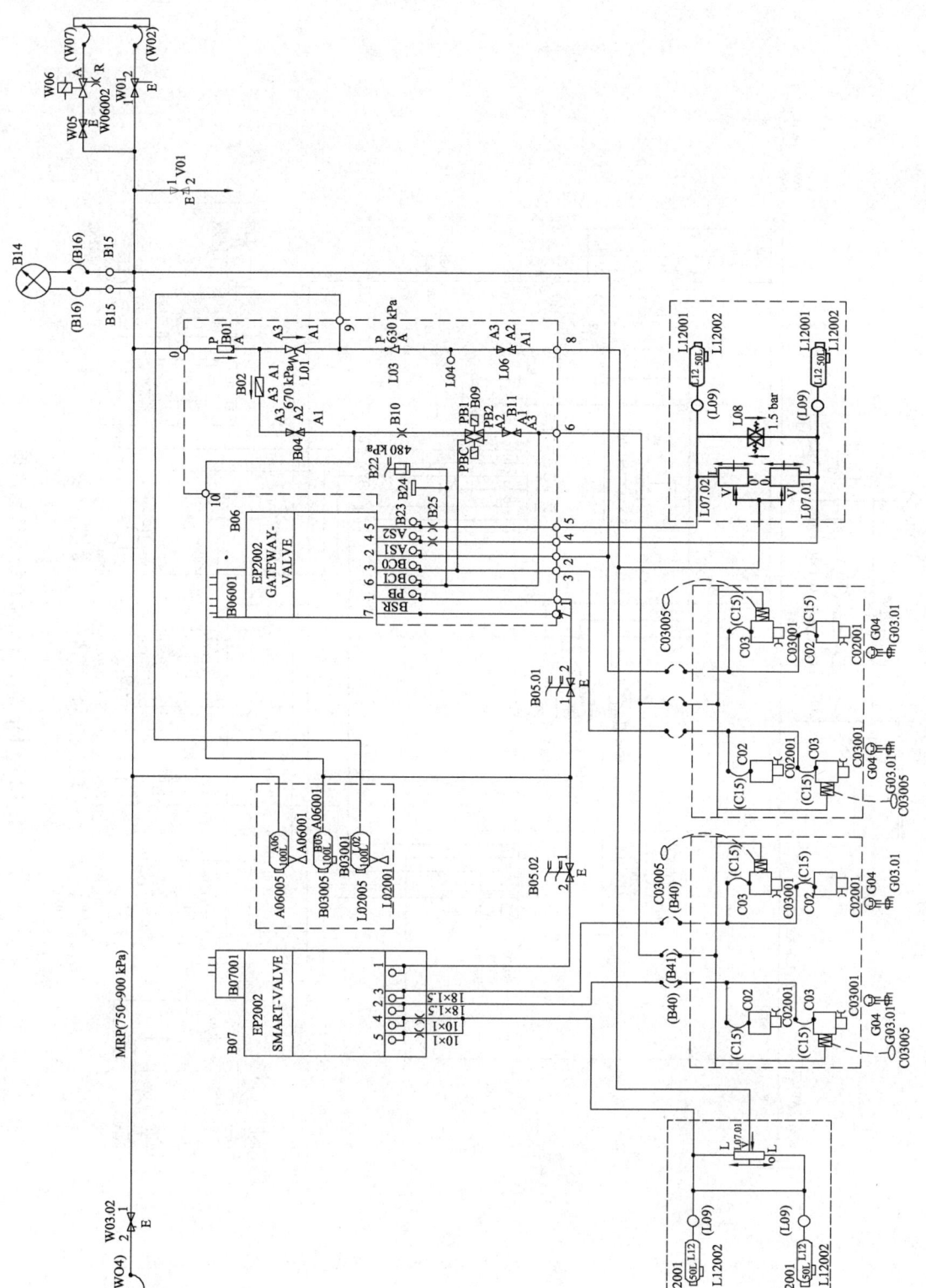

图 5.18 Tc 车空气制动系统的管路原理

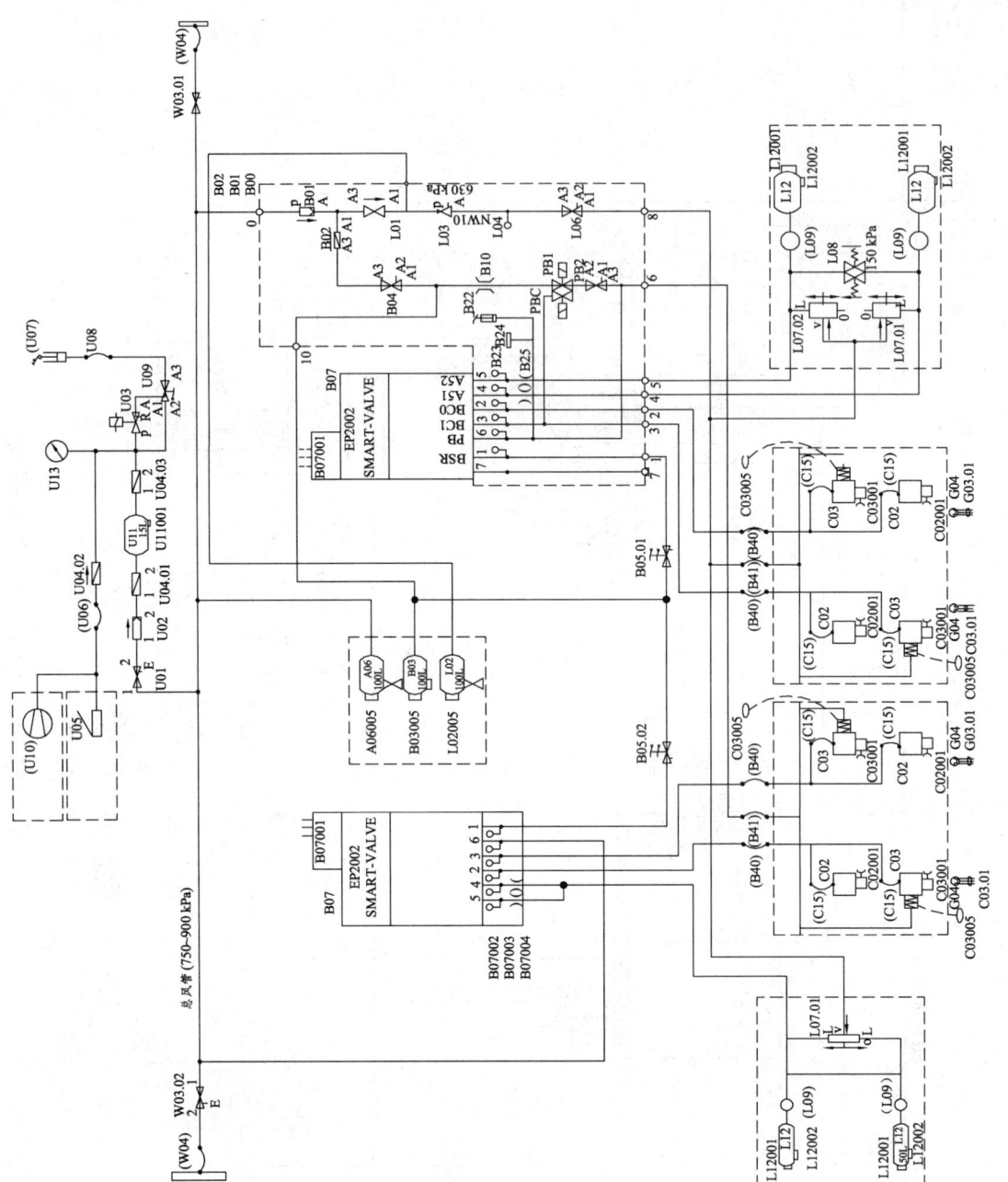

图 5.19 Mp 车空气制动系统的管路原理

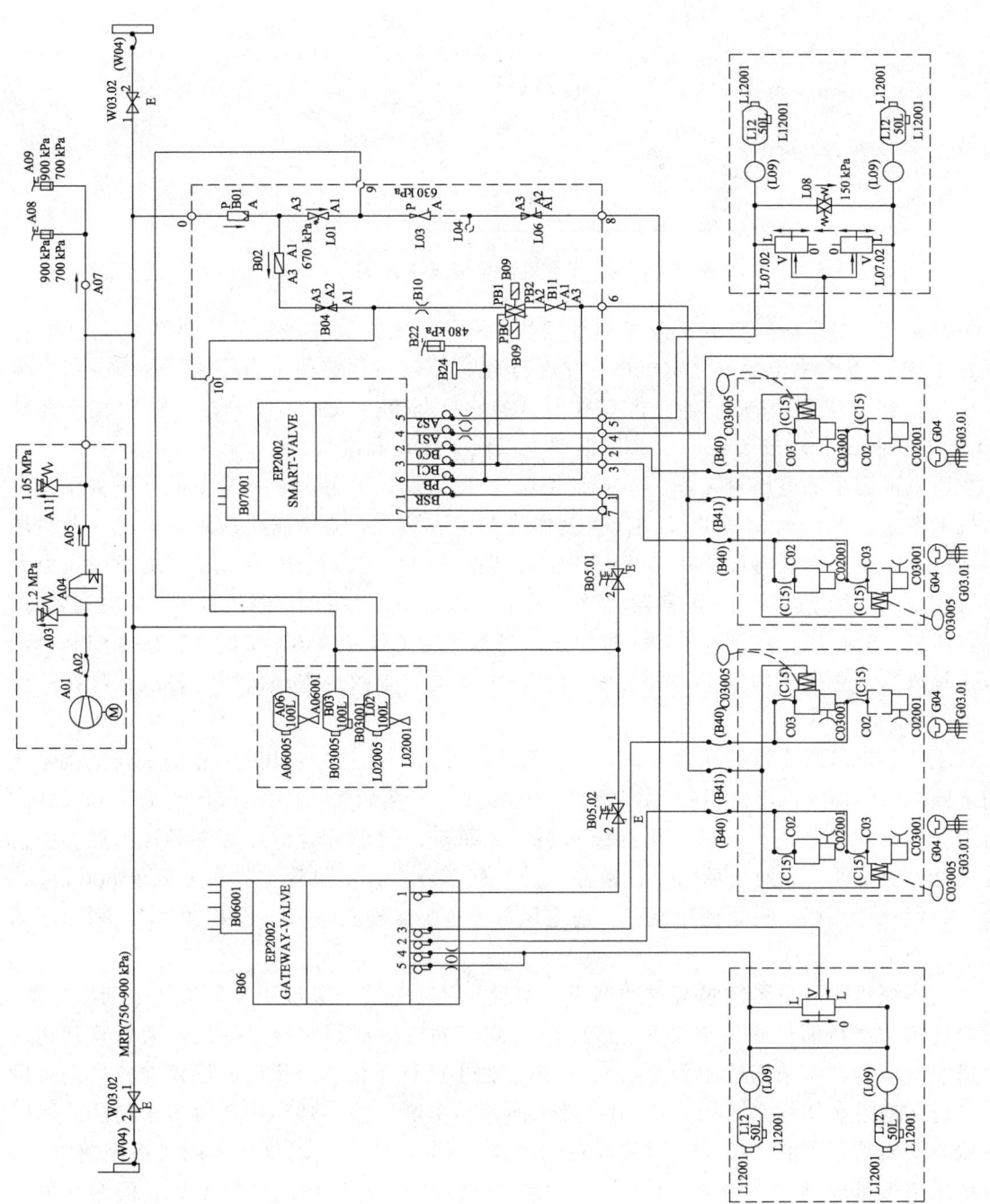

图 5.20 M 车空气制动系统的管路原理

1）压缩空气供给装置（A组）

压缩空气供给装置（A组）如图5.21所示。

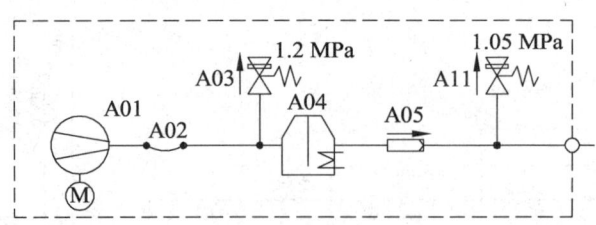

图 5.21　压缩空气供给装置（A组）

压缩空气供给系统的核心部分是风源模块，风源模块安装在每列车的两节M车上，每列车有2套。该模块包括压缩空气的产生、净化、传输、存储和压力控制等环节。每个风源模块包括两个主要设备：VV120型往复式空气压缩机（A01）及一个双塔空气干燥器（A04）。这两种设备均安装在一个共用框架上以便于安装和维护。

空压机采用主辅空压机工作、单双日控制管理的模式。当一辆M车上的空压机作为主压缩机工作时，另一辆M车上的空压机就作为备用压缩机。主空压机故障时，另一台空压机起动打风，直到本次打风结束。列车正常运行过程中，空压机由TCMS根据总风压力大小进行控制，压力开关备用。正常运行时总风压力达到900 kPa时，停止打风。初次充风时，两台空压机同时打风，达到900 kPa时停止。当总风压力低于750 kPa时，TCMS控制单台空压机打风。当总风压力低于700 kPa时，压力开关控制两台空压机同时打风，并在达到900 kPa时停止。

若主风管空气压力持续超过5 min仍然低于700 kPa，HMI给出提示信息，列车在停放制动未施加的前提下可继续运行。如果列车正在运行，若主风管（缸）空气压力低于600 kPa，则报警，但可运行到下一站后，再封锁牵引，从而阻止列车的运行。待主风管（缸）压力恢复至700 kPa以上，列车牵引封锁解除。如果列车静止，主风管空气压力低于600 kPa，则牵引封锁立即作用，阻止列车运行。当主风管（缸）空气压力低于550 kPa时，列车立即实施紧急制动。

空气压缩机通过自带的吸气过滤器吸入空气，空气在第一级被压缩后流经中间冷却器，然后进行第二级压缩。压缩空气在流经空气压缩机的后冷却器后通过一根压力软管到达一个双塔空气干燥器及精细过滤器（A05，见图5.22）进行净化，净化后的压缩空气进入总风联管，进而通过车钩气路装置（W组部件）向相邻车辆传输。列车中的每节车均从总风联管获取本车所需使用的压缩空气，储存在总风缸（A06）中，同时供本车用风系统使用。

压缩空气被通到双塔空气干燥器中，压缩空气在一个干燥塔内进行干燥，同时在另一个干燥塔内回流的洁净总风对干燥剂进行再生处理。在干燥器内的电子计时器控制两个塔的干燥及再生工况。为了保证空压机供给空气制动系统用风设备的空气质量，在任何情况下，干燥器都保持与空压机同步工作，即只有在空气压缩机工作时，该计时器的控制周期才起作用，这样可以确保两个干燥塔可以均衡工作。

图 5.22 精细过滤器

压力控制包括压缩机管理、压力限制、压力调整等内容。压力开关 A08 设定两台压缩机同时工作的压力转换点，其设定值为 700~900 kPa。压力开关 A09 用于监测主风管压力，可以提供主风管压力过低信号（低于 550 kPa）。配套的测试头 A07 用于调整压力开关设定值时外接压力表显示。安全阀 A03 限定空压机组出口处的最高压力，安全阀 A11 限定总风管的最高压力，可以避免系统承受过高的压力。

2）制动控制装置（B 组）

制动控制装置如图 5.23 所示。空气制动系统的制动方式可分为主动制动和被动制动，前者是制动缸充气时制动、无气时缓解，如常用制动、紧急制动；后者是停放制动缸充气时缓解、无气时通过弹簧力制动，主要是指停放制动。它们虽是不同性质的两种制动，也有各自相对独立的两个控制系统，但带停放制动功能的基础制动单元将两种制动糅合在了一起，同时作用在一套闸瓦上，且系统设置了相应的防过制动装置。

空气制动系统主要实现两方面的功能：空气制动控制（制动施加与缓解、防滑控制、转向架故障隔离）和停放制动控制（施加与缓解）。

总风管输送来的压缩空气经空气过滤器（B01）、止回阀（B02）、球阀（B04）分为两支：一支进入制动风缸（B03）及带电触点球阀（B05）后，给空气制动供气；另一支给停放制动供气。止回阀（B02）和制动风缸（B03）的设置可保证系统在任何情况下有紧急制动所需的气源。

供给空气制动系统的压缩空气分别经塞门（B05.01、B05.02）供给靠两端转向架处的 EP2002 阀。空气制动的施加与缓解、防滑控制等功能由 EP2002 阀在列车的控制下自动完成。空气制动的施加最终体现为从 EP2002 阀制动缸管出来的压缩空气经软管（B40）进入转向架空气制动管路，进而进入所有基础制动单元（C02、C03）的空气制动缸。当某转向架的空气制动管路发生严重泄漏时，关闭带电触点球阀（B05.01 或 B05.02），其所对应的 EP2002 阀将排空所控制转向架管路中制动缸管系的压力并保持为零，从而实现转向架的故障隔离功能。

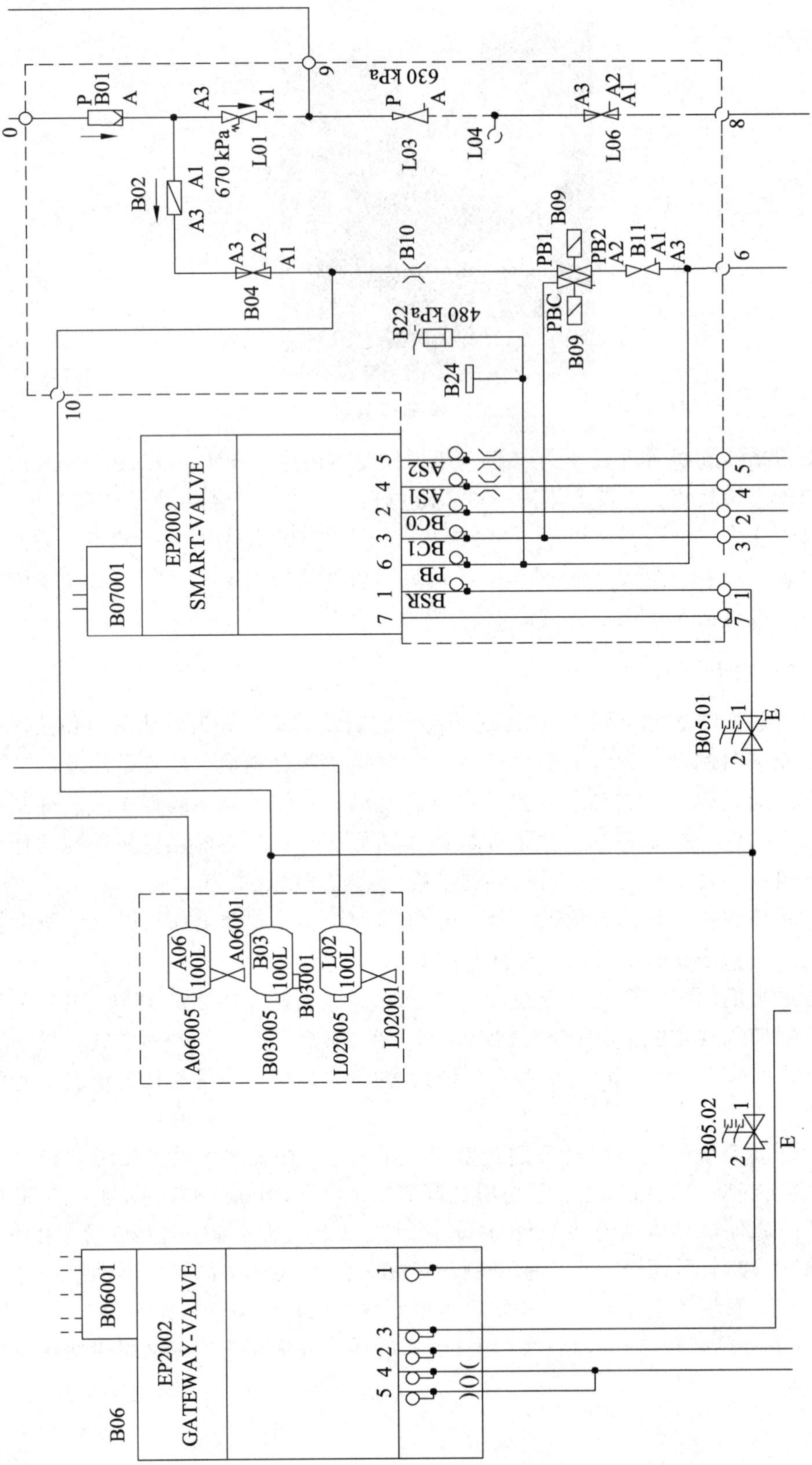

图 5.23 制动控制装置（B 组）

停放制动系统缓解时，供给停放制动系统的压缩空气经缩堵（B10）、双脉冲电磁阀（B09）、二位三通阀（B11）、软管（B41）进入转向架停放制动管路，进而进入带停放功能的基础制动单元（C03）的停放制动缸缓解停放制动。

双脉冲电磁阀（B09）是停放制动系统的关键控制部件，它是一个二位三通的电磁阀。通过操作司机室的"停放制动施加/缓解"旋钮可控制停放制动的施加和缓解。同时，该电磁阀可以防止空气制动与停放制动产生叠加使车辆产生过制动造成制动装置或相关部件的损坏。

压力开关（B22）用于监控停放制动缸压力，指示停放制动完全缓解与否。设于 EP2002 阀的测试口 6 可用于压力开关 B22 的压力整定值的校正。

3）辅助控制模块

辅助控制模块由双脉冲电磁阀、止回阀、球阀、过滤器等组成，它们集成在一个气路板上，安装在靠近各车第一个转向架的 EP2002 阀上。辅助控制模块气路原理如图 5.24 所示：

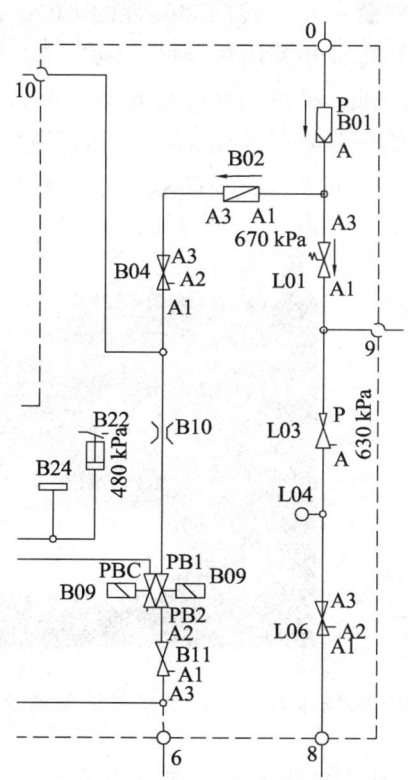

图 5.24 辅助控制模块空气管路原理

来自总风管的压缩空气，一路流经管道过滤器（B01）、单向阀（B02）和球阀（B04）通过端口 10 进入制动风缸（B03）。同时，另一路经节流孔（B10）、电磁阀（B09）和二位三通阀（B11）通过端口 6 连接到停放制动缸。压力开关（B22）用于监控停放缸内的压力。

制动风缸（B03）储存可以为制动控制提供快速而安全的压缩空气。制动风缸内的压缩空气由一个管道过滤器（B01）进行清洁处理，并由一个单向阀（B02）来进行保护，从而不受总风缸内空气压力波动的影响。

电磁阀（B09）用于停放制动的控制。二位三通阀（B11）用于停放制动缸与总风隔离。司机可通过操作司机室的"停车制动施加/缓解"旋钮来控制停放制动的施加和缓解。

当停放制动不能通过"停放制动施加/缓解"旋钮进行缓解时（如线路失电或管路没有空气压力），则必须采用缓解拉环手动缓解停放制动。手动缓解前，应确保辅助控制模块内（B11）截断塞门已经关闭，停放制动缸内没有压力空气。

球阀（B04）可在维护时用于切除制动系统及停放制动的风源。

来自总风管的压缩空气另一路经溢流阀（L01）通过端口 9 给悬挂风缸（L02）供气。同时，压缩空气经减压阀（L03）、球阀（L06）由端口 8 给空气悬挂装置供气。球阀（L06）可切除空气悬挂装置的风源，测试口（L04）用于悬挂装置供气管路的压力测试。

4）转向架截断塞门（B05）

制动风缸通过空气支路给安装在每个转向架附近的 EP2002 阀供气。为了维护和隔离的目的，可使用安装在客室座椅下的带开关模块球阀（B05.01）及（B05.02）来切除制动风缸（B03）到相应单个 EP2002 阀的气源，即切除对应转向架上所有基础制动单元制动缸的气源。同时可以操纵制动控制模块内的截断塞门（B04）来切断风缸向整个制动控制装置的供风。截断塞门安装在各车客室中部座椅下方。转向架截断塞门的原理及外形如图 5.25 所示。

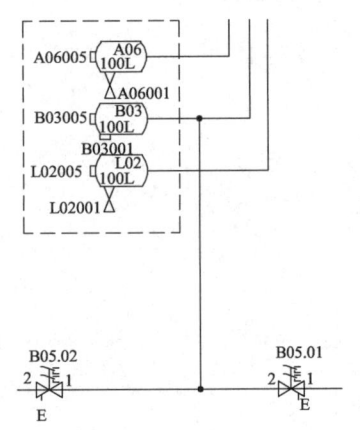
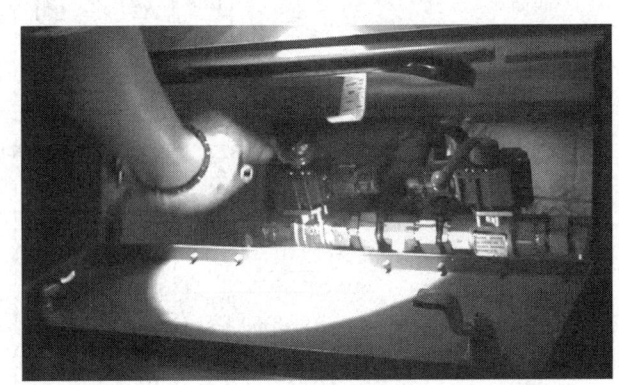

图 5.25 转向架截断塞门空气管路原理及外形

截断塞门（B05）只能由检修人员来操作，在正线运行时，司机只有在获得许可的情况下，才能操作该阀（如在紧急情况下）。

空气制动功能失效情况下车辆的限速要求见表 5.2。车速超过限速值时，封锁牵引；车速超过限速值 3 km/h 时，施加最大常用制动；车速超过 5 km/h 时，列车施加紧急制动。

表 5.2 空气制动功能失效情况下车辆限速要求　　　　　　单位：km/h

工况	限速值	备注
切除 1 个 B05	70	
切除 2～3 个 B05	60	
切除 4～6 个 B05	35	
切除 6 个以上 B05	0	牵引封锁
电制动故障	55	根据热容量限速
停放制动缓解旁路	10	

5）空气压力表

司机室设一个外径 80 mm、带背光的双指针空气压力表（B14），白针用来显示主风管压力，红针显示 Tc 车第一个转向架第一轴的制动缸压力，双针压力表气路如图 5.26 所示。通过双针压力表显示的压力值，可以方便地对相关压力值进行读取和监控，并可通过连接管路中设置的压力检测接口（B15）进行测试。

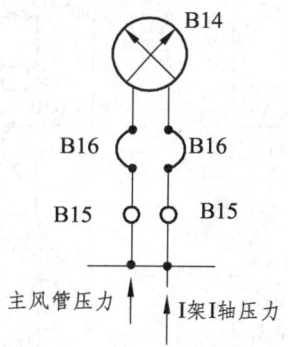

图 5.26 双针压力表气路

6）基础制动装置（C 组）

基础制动装置是空气制动系统的执行机构（见图 5.27），包括作用于每根轴上的带停放制动的踏面制动单元（C03）和不带停放制动的踏面制动单元（C02），其气路原理如图 5.28 所示。

踏面制动单元（C03）中的弹簧施加部分作为停放制动执行机构，可通过司机控制面板上的"停放制动施加/缓解"按钮进行停放制动的施加和缓解。同时，在转向架侧装有手动缓解装置，在按钮失效时，可通过该装置缓解停放制动，其在第一次充风后自动复位。

7）空气悬挂装置（L 组）

空气悬挂系统（见图 5.29）主要有三个功能：一是为车辆提供空气悬挂，改善车辆的动力学特性和运行品质；二是通过设置高度阀，可使车辆地板面高度调整好后不随载荷的变化而改变；三是将载荷（可变）准确地测量并提供给车辆控制系统，为列车的有效牵引和精确制动打下基础。其管路原理如图 5.30 所示。

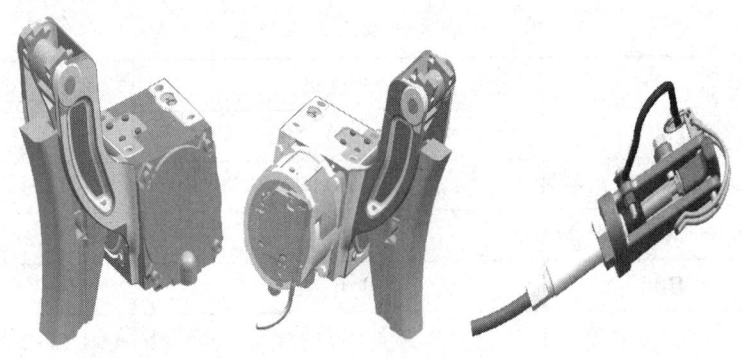

图 5.27　基础制动装置

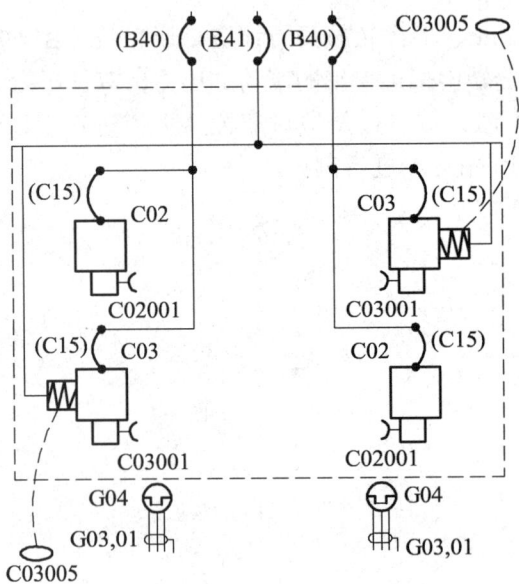

图 5.28　基础制动装置气路

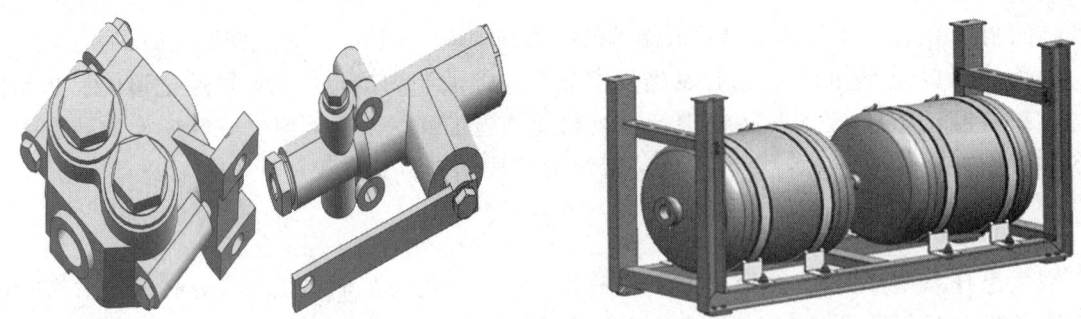

图 5.29　空气悬挂系统

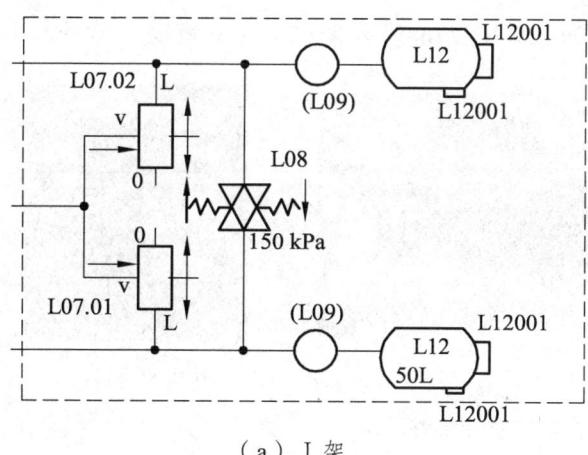
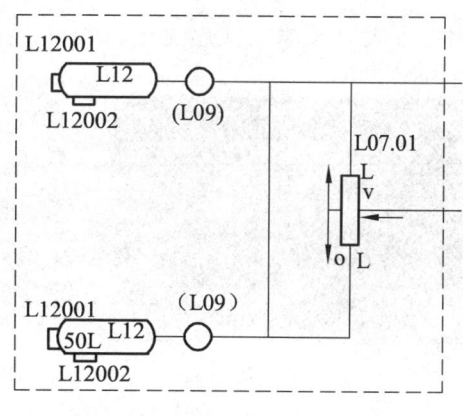

（a）Ⅰ架　　　　　　　　　　（b）Ⅱ架

图 5.30　空气悬挂系统管路原理

主风管压缩空气经溢流阀（L01）充入空气簧储风缸（L02），同时经减压阀（L03）调整为 630 kPa 后通过塞门（L06），再分两支通向两转向架的高度阀。高度阀（L07.01、L07.02）根据车辆载荷变化情况控制气囊的充气或排气。

空气悬挂的动力学性能主要由空气弹簧的特性决定。每个转向架装备两个空气弹簧气囊。其中，一位转向架由两个高度阀控制，二位转向架则由一个高度阀控制。每一个空气弹簧的容积包括气囊（L09）的容积和空气簧附加风缸（L12）的容积。空气簧附加风缸的设置是对气囊容积的扩展。空气簧附加风缸要尽量靠近空气弹簧气囊，并且风缸和气囊之间的通路要尽量减少气流阻力，连接管路的内径要大。

各高度阀出风口的压力均采集给相应的 EP2002 阀，由 EP2002 阀进行压力数据的转化和传递。每个气囊的压力都由 EP2002 阀进行监测，相应的载荷压力可以通过安装在 EP2002 阀上的压力检测接口进行测量，并为空气制动系统提供载荷信号。

保持车辆地板高度不变的核心部件是高度阀。其阀体安装在车辆的底架上，手柄与一根安装在转向架上的连杆相接，通过调整连杆的长度可以设定车辆地板面距轨面的高度。高度阀根据阀体与手柄的相对位置关系的不同有充气、保压和排气三种状态。载荷变化时，空气弹簧气囊高度的暂时变化引起高度阀的状态相应地变化，维持地板高度不变。同一转向架的两高度阀出风管之间设有差压阀（L08），它是一个双向止回阀，是保证一个转向架两侧气囊的压力差不能超过行车安全规定数值的装置。测试接口（L11）可在维修时用于空气弹簧气囊的压力监测。

8）升弓系统（U 组）

升弓系统用于向受电弓提供各种工况下升弓所必需的压缩空气，每节 Mp 车有一套，主要部件组成如图 5.31 所示。

升弓系统的主要功能是组合使用三种风源及有电升弓和无电升弓的气路切换。如图 5.32 所示，正常情况下（风源来自总风管、电磁阀 U03 得电、二位三通阀 U09 打正常升弓位）升弓时，总风管来的压缩空气经塞门 U01、滤尘器 U02、止回阀 U04.01 到达升弓风缸 U11，出风缸后再经止回阀 U04.03、开放的电磁阀到达转换阀的下阀口，正常升弓位的转换阀将下阀口压缩空气连通至左阀口，进而通过软管 U08 进入受电弓风缸将受电弓升起。

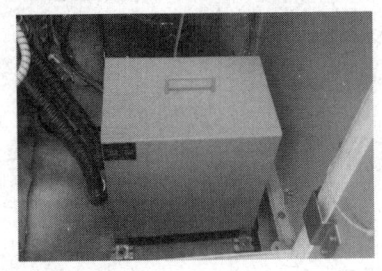
（a）电动泵

（b）升弓气缸

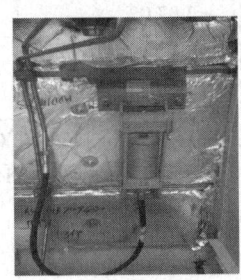
（c）脚踏泵

图 5.31　升弓系统主要部件

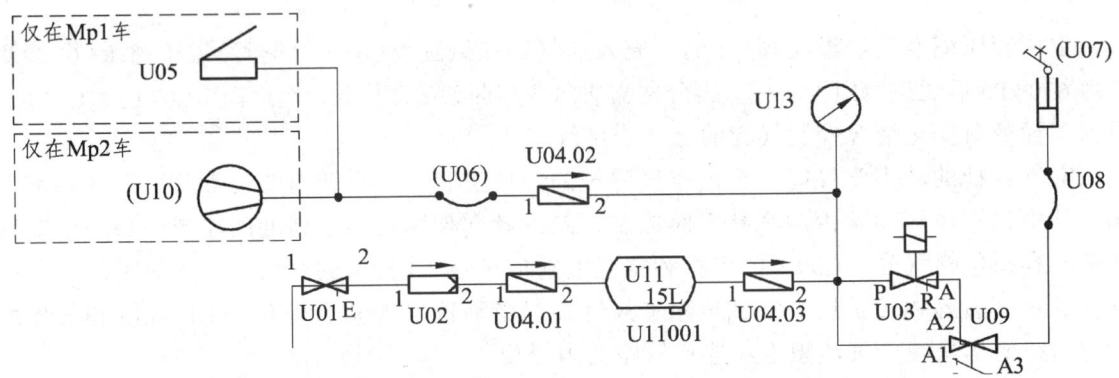

U01—塞门；U02—滤尘器；U03—电磁阀；U04—止回阀；U05—脚踏泵；U06，U08—软管；U07—受电弓；U09—二位三通阀；U10—电动泵；U11—升弓风缸；U13—压力表。

图 5.32　升弓系统气路原理

当主风管中无压缩空气，但车辆蓄电池有电时，此时可以通过操作司机台升弓按钮触发 Mp2 车电动泵打风，电动泵在升弓风压达到 650 kPa 时，停止打风。

在蓄电池馈电，当使用 Mp1 车脚踏泵产生的压缩空气经软管 U06、止回阀 U04.02、开放的电磁阀到达转换阀的下阀口，后续路径和正常升弓时完全一致。止回阀 U04.03 的设置使此时的压缩空气无法进入升弓风缸 U11，从而提高了使用脚踏泵升弓的效率。

无论哪种情况下的升弓，压力表 U13 始终能指示升弓管路压缩空气的压力，以便进行有效监测。

9）车钩操作装置（W 组）

车钩操作装置原理如图 5.33 所示。其中控制全自动车钩解钩的电磁阀 W06 安装在 Tc 车底架牵引梁附近，通过按压司机台上的"解钩"按钮可实现全自动车钩解钩。

对于其他的车钩，通过车厢与车厢之间的连接风管 W02 贯穿气路。

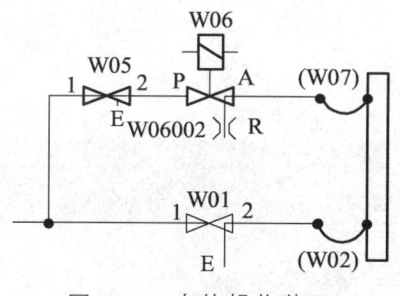

图 5.33　车钩操作装置

10）辅助系统

辅助系统指方便列车运营所设置的一些辅助气动装置，如为轮缘润滑装置提供空气的塞门装置等。

课题 6 EP09 制动系统

6.1　EP09 制动系统概述

【知识目标】
1. 了解 EP09 制动系统特点。
2. 掌握 EP09 制动系统的组成。

【能力目标】
描述 EP09 制动系统的组成几个部分作用。

【学习内容】

1. 概　述

EP09 架控制动系统采用微机控制的直通式电空制动系统,并基于网络及硬线冗余控制。采用架控方式时,每辆车具有两个架控制动单元,以转向架为单位进行制动力的计算和控制。其中部分架控制动单元具有网关功能,负责接收制动指令以及向其他架控单元输出制动信息。其他无网关功能的架控制动单元,通过内部 CAN 总线从具有网关功能架控制动单元获取制动指令。

架控制动控制主要是针对同时配有动力转向架和非动力转向架的车辆研发的,它是以转向架为单元实现电制动与空气制动的混合控制,也适合牵引系统采用架控控制车辆或者短编组列车,能够充分发挥每个转向架的电制动能力和黏着利用率。其布局如图 6.1 所示。

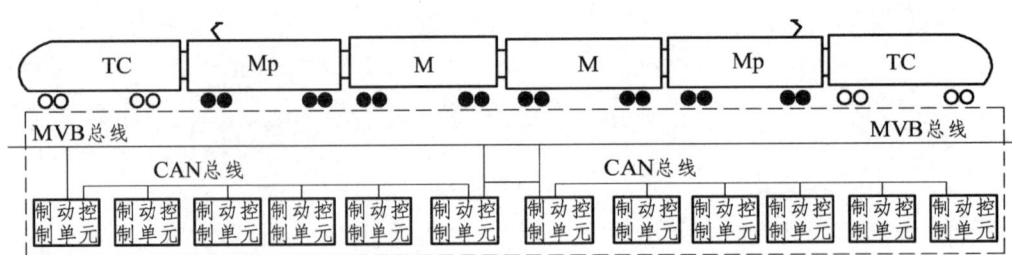

图 6.1　架控制动系统布局

1）EP09 制动系统的特点

（1）采用螺杆式压缩机组，低振动、低噪声。
（2）网络控制为主，备有硬线控制冗余。
（3）制动系统负责制动力管理，充分利用电制动力。
（4）空气制动控制和空气防滑控制一体化设计。
（5）制动系统自身的网络维护终端，可实现调试、测试、诊断和记录的功能。
（6）具有保持制动功能、制动力不足检测、不缓解检测功能等功能。
（7）踏面制动单元和闸瓦，适用于 80 km/h 速度等级车辆要求。

2）制动系统技术条件

（1）采用架控方式的微机控制模拟直通式电空制动系统。
（2）供电电压：DC 110 V。
（3）正常工作压力：750 ~ 900 kPa。
（4）常用制动平均减速度（100 km/h ~ 0）：1.0 m/s²。
（5）紧急制动平均减速度（100 km/h ~ 0）：≥1.2 m/s²。
（6）快速制动瞬时减速度：与紧急制动瞬时减速度基本相当，具有电制动和冲动限制。
（7）冲击极限：≤0.75 m/s³。
（8）制动缸达到紧急制动满负荷压力 90% 的时间（即动作响应时间加上增压时间）不大于 1.5 s。

2. EP09 型制动系统的组成

EP09 型制动系统由动力制动系统、空气制动系统及指令和通信网络系统组成。空气制动系统主要由风源系统、控制部分和执行部分组成。

1）风源系统

风源系统也是以单元进行供风的，每一单元设置一套风源系统，相邻车辆的主风管通过截断塞门和软管连接。一套风源系统可以满足整列车使用，两个单元组成的列车有两套风源系统。

风源系统主要包括螺杆式空气压缩机组、双塔式空气干燥器、主风缸、压力传感器、压力控制器等部件。某地铁车辆的风源系统安装在 M 车下，如图 6.2 所示。

空气经过空气滤清器和进气阀板和压缩弹簧的止回阀功能组进入压缩机单元的进气侧。空气在压缩后通过固定在压缩机单元上的压力套管被压入压缩机单元外壳内。压缩机起动后，最小压力阀先是关闭，使压缩机单元外壳内迅速建立起压力，实现油路循环。当压缩机外壳内的压力达到约 650 kPa 时，最小压力阀开启，压缩空气进入下游管路。

每次关断压缩机组后，压缩机外壳通过泄压阀自动泄压。压缩机组停止运转后，最小压力阀和进气阀板首先关闭，以防止压缩空气从下游管路中回流到压缩机外壳内。接着，进气管道内的压力由于来自压缩机单元的回流空气而升高，泄压阀开启。压缩机单元外壳的空气可由此流经空气滤清器，从而使外壳内的压力迅速降至 300 kPa 以下；最后空气通过泄压阀内的一个喷嘴将压力慢慢地降到 0 kPa。

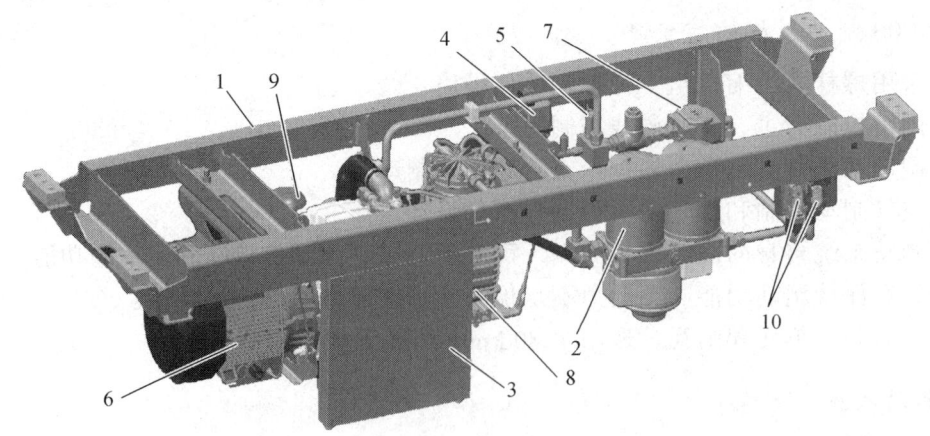

1—吊架；2—双塔干燥器；3—冷却器；4—压力监控器；5—安全阀；6—电机；7—微油过器；
8—空压机机体；9—空滤器；10—电气连接器。

图 6.2 风源系统

风源系统管路原理如图 6.3 所示。

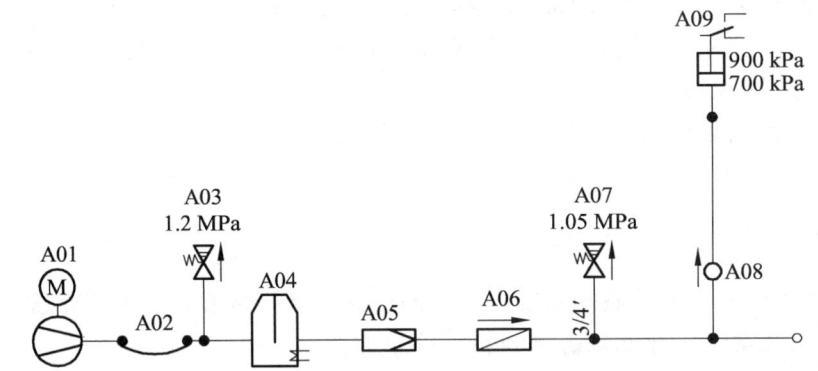

A01—空压机组；A02—软管；A03—安全阀（1.2 MPa）；A04—双塔干燥器；A05—微油过滤器；
A07—安全阀（1.05 MPa）；A08—测点；A09—压力控制器（750 kPa、900 kPa）。

图 6.3 风源系统管路原理

空气压缩机通过自带的吸气过滤器吸入空气，空气被螺杆式压缩机 A01 压缩。压缩空气流经空气冷却器冷却后通过压力软管 A02 到达双塔空气干燥器 A04 及精细过滤器 A05 中净化，净化后的压缩空气进入总风管，进而通过车钩气路装置（W 组部件）向相邻车辆传输；列车中的每节车均从总风联管获取本车所需使用的压缩空气，储存在总风缸 A06 中，同时供本车用风系统使用。

2）执行部分

执行部分采用 TFD 型踏面单元制动单元，包括 TFD-1 型（不带停放制动功能）和 TFD-2 型（带停放制动功能），其结构如图 6.4 和图 6.5 所示。TFD 型踏面制动单元的特点为：4 点吊挂安装；采用凸轮放大原理；制动单元体积小、质量小、安装空间小；间隙调整器具有自动辨别弹性变形与闸瓦磨耗的功能，可得到较小和准确的闸瓦与踏面间隙；制动单元阻力小，灵敏度好，制动传动效率高；采用紧凑和模块化结构设计，适用于各型机车车辆，并有利于检修。

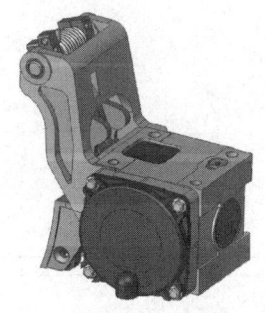 

图 6.4　TFD-1 型踏面制动单元（不带停放）　　图 6.5　TFD-2 型踏面制动单元（带停放）

3）制动控制单元

制动控制单元（BCU）是电控制动的核心，其外形如图 6.6 所示，EP09 制动控制单元是一个机电一体化的电子机械装置，每个 BCU 由气动单元（PBCU）和电子控制装置（EBCU）两部分组成。在结构设计上，它将安装在集成气路板上的气动单元（PBCU）和实施电子控制的板卡被机箱分隔成两个独立单元，但又组合在同一箱壳内，这为故障检测和维修保养提供了方便。

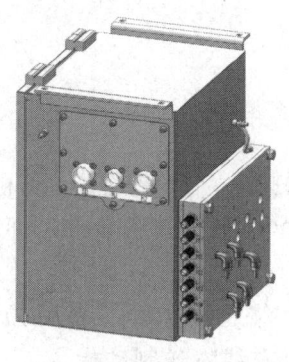 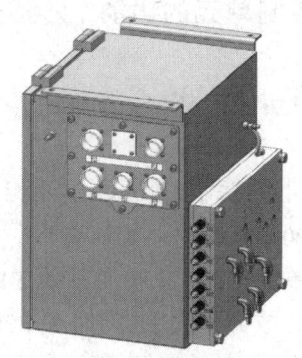

（a）EP09G　　　　　　　　　　　（b）EP09S

图 6.6　EP09 控制单元

所有 BCU 中的 PBCU 单元的结构完全一致，它们接收电子指令，产生气动压力的控制信号。但各 BCU 的电子板卡略有区别，制动网关单元中的 GBCU 板卡除包含本地制动控制单元 EP09G 中的 SBCU 所有功能外，它还含有与 MVB 总线通信和列车制动管理功能的板卡。

6.2　EP09 制动控制单元结构

【知识目标】

掌握 EP09 制动控制单元的结构。

【能力目标】

1. 能描述制动控制单元配置。

2. 能描述制动控制单元功能。

【学习内容】

1. 制动控制单元的配置

制动控制单元的配置如图 6.7 所示。

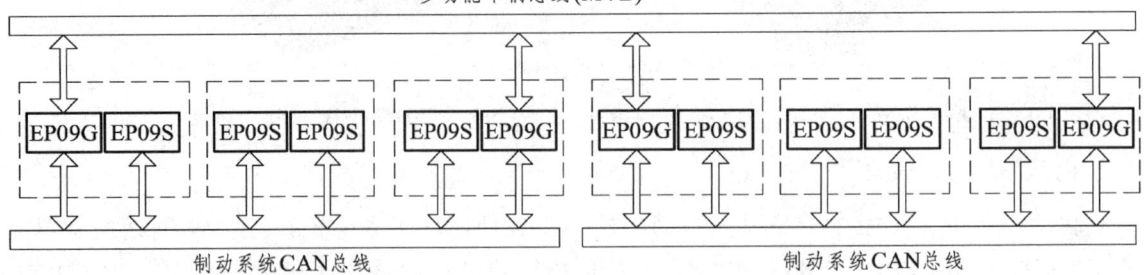

MBCM—带车辆总线接口的主控制动控制模块；BCM—架控制动控制模块。

图 6.7　制动控制单元的配置

2. 制动控制单元的功能

1）EP09G 与 EP09S 的功能

（1）电控部分。

CAN 单元上的两个 EP09G 单元相互冗余，其中只有一个作为主控，该 EP09G 通过 CAN 网络向其他 EP09 发送制动控制命令，另外一个 EP09G 处于热备状态（即对制动力进行计算，但不通过单元 CAN 总线向其他 EP09 发送命令）。

当主 EP09G 放弃作为主控（如主 EP09G 与 MVB 网络通信故障）或备用 EP09G 与主 EP09G 通信中断，备用 EP09G 将转换为主控，开始向 CAN 总线发送制动指令。

当 CAN 网络断开或故障时，则两个 G 阀分别作为剩余子网段的主阀，在两个 CAN 网段内进行控制。

常用/快速制动的制动力分配都由 G 阀计算；紧急制动由各架阀自主施加。

EP09G：网关控制单元，不仅具有本单元的空气制动控制功能，还具有车辆 MVB 总线与制动 CAN 总线的网关功能以及本 CAN 网段内所有控制单元的制动力管理功能；负责制动力计算和制动力分配以及空压机管理。

EP09S：智能控制单元，具有本单元的空气制动控制功能，同时还具有数据记录功能。

（2）气动部分。

EP09 阀气动部分如图 6.8 所示。

EP09 阀内部布局如图 6.9 所示。

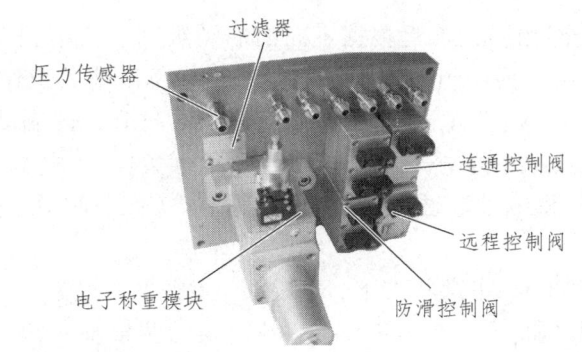

图 6.8 气动部分

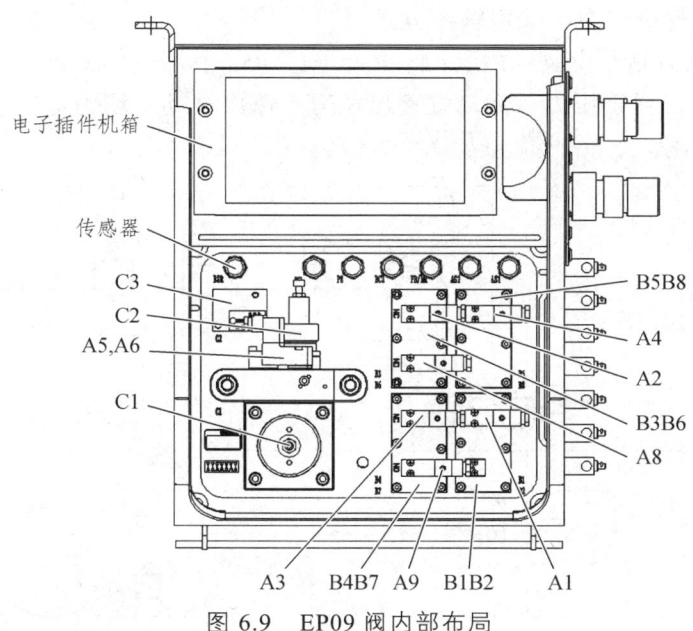

图 6.9 EP09 阀内部布局

PBCU 接收 EBCU 的指令实施制动、缓解的操作。EP09 制动控制模块的气动原理如图 6.10 所示。

从结构上，制动控制气动单元分为如下功能模块：

① 空重车调整模块：C2、A6、A5、P8 和 C1。C2 为减压阀，按重车的紧急制动缸压力设定。A6、A5 为电子称重阀，输出为实际车重的紧急制动缸压力。P8 为压力传感器和压力测点，用于测量调整后的压力。C1 为主调节阀，最小（即无电子称重压力输入）输出为空车紧急制动缸压力，正常根据电子称重压力输入调整。

② 远程缓解模块：A1、B1、B8。紧急缓解时电磁阀 A1 得电，阀 B1 和 B8 动作，在切断输入压力的同时，排出制动缸的压缩空气。

③ 紧急冲动限制模块：A7 和 B2。常用制动时，电磁阀 A7 得电，B2 阀打开，使压缩空气不受限制的进入制动控制回路。紧急制动时，电磁阀 A7 失电，B2 阀关闭，使压缩空气经限流后进入制动控制回路，从而具有冲动限制功能。当取消紧急冲动限制功能时，可在电磁阀处安装一块带排风孔的遮断板。

④ 制动控制模块：该模块有相同的两组，分别为 A8、A2、B6、B3 和 A3、A9、B4、

B7。这两组阀的功能全部相同,都是根据不同的制动级别,产生相应的制动缸压力。正常情况下,只有一组阀作用,另一组备用,下面以一组为例阐述其工作过程。

充风时,电磁阀 A8、A2 失电,阀 B6 关闭,阀 B3 打开,向制动缸充风。

排风时,电磁阀 A8、A2 得电,阀 B6 打开,阀 B3 关闭,制动缸的风经 B6 排出。

保压时,电磁阀 A2 得电,电磁阀 A8 失电。阀 B6 关闭,阀 B3 关闭,制动缸处于保压状态。

⑤ 连通模块:A4 和 B5。正常状态下,电磁阀 A4 失电,阀 B5 处于连通状态。制动时,制动控制模块产生的制动缸压力同时进入同一转向架的两根轴,即正常状态下,制动方式采用架控方式。当滑行产生时,电磁阀 A4 得电,阀 B5 关闭,两组制动控制模块分别对每根轴进行控制,即滑行状态下采用轴控方式。

⑥ 传感器和压力测点模块:P1、P2、P3、P4、P5、P6、P7 和 P8。压力传感器用于对制动风缸压力、空气弹簧压力、制动缸输出压力、停放制动缸压力进行采集。压力测点可以在必要时进行检测。

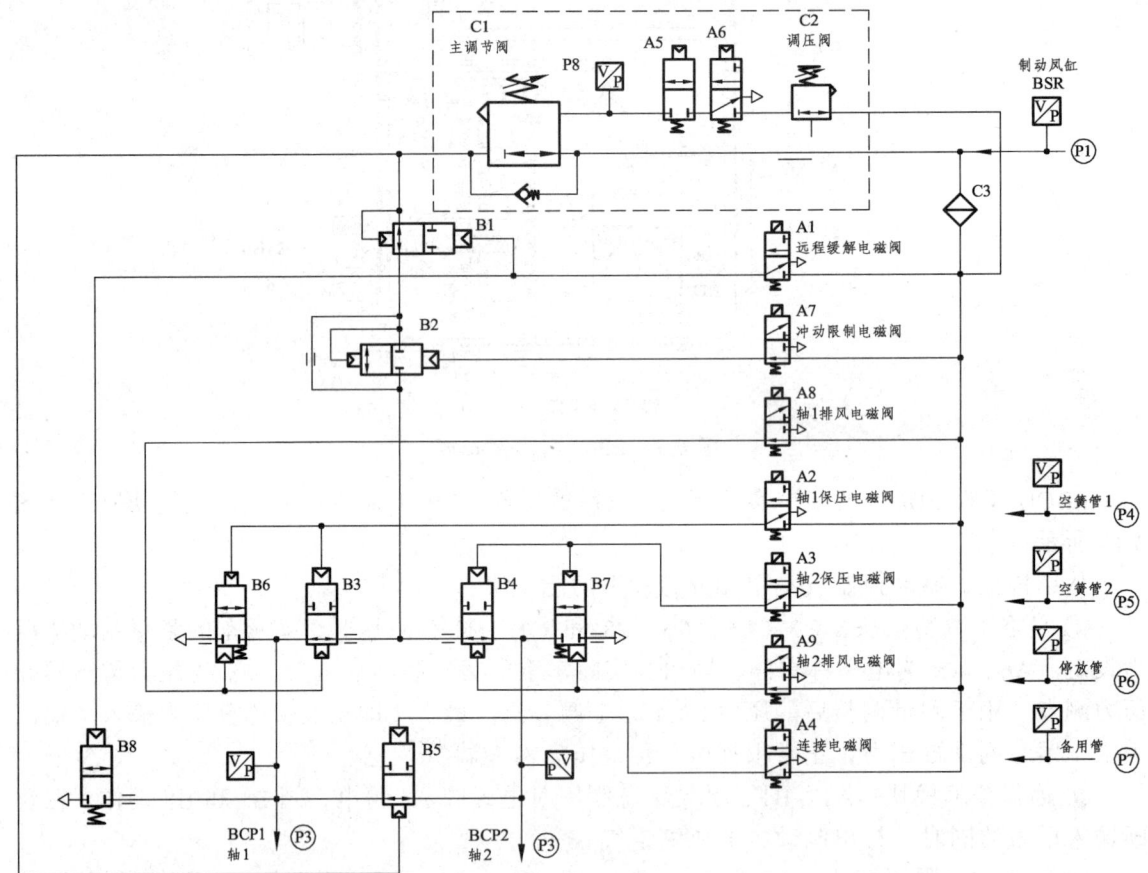

图 6.10 EP09 制动控制模块的气动原理

2)两种制动控制单元的对比

(1)从外部看,二者在连接器的数量上有所区别,见表 6.1 和图 6.6 所示。

表 6.1　单元的插头配置表

插头编号型号	PL3 插头	PL4 插头	SK1 插头	PL1 插头	PL2 插头	SK2 插头
EP09G	√	√	√	√	√	√
EP09S	—	—	√	√	√	—

EP09G 内部布局如图 6.11 所示。

图 6.11　EP09G 内部布局

（2）电气插件板卡有区别。

EP09 的电子制动控制单元（EBCU）从设计、生产、检修和维护标准化的要求出发，采用了标准的模块化的结构，按系统的功能要求划分为若干个功能模块，每个功能模块为一个电子插件板。图 6.12 为电子插件板示意图，EP09G 因具有更多的控制功能，所以相对 EP09S 有更多的电子插件板。

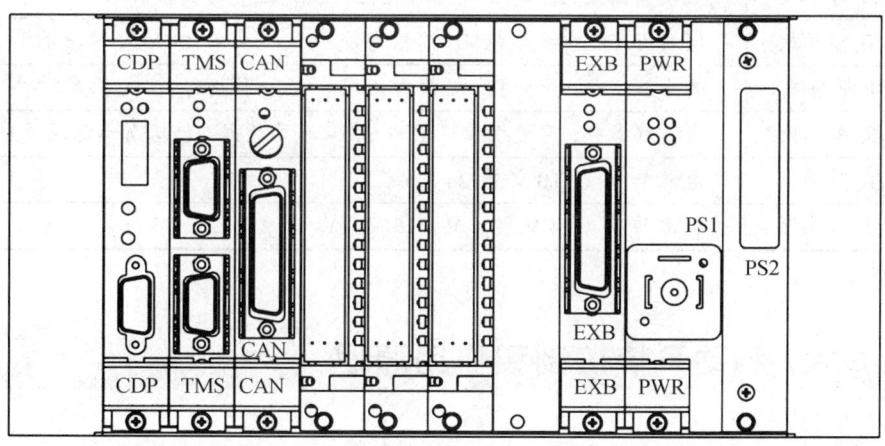

（a）EP09G

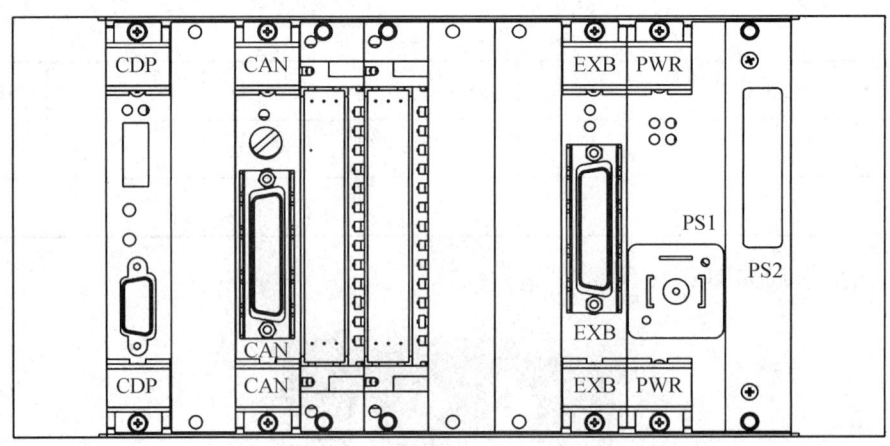

（b）EP09S

图 6.12 电子插件板

电子板卡的主要功能见表 6.2。

表 6.2 板卡的主要功能

1	板卡类型	功能
2	EPC 插件板	采集 2 路速度、2 路制动缸压力、1 路 AUX 压力；输出 2 组电磁阀驱动、连通电磁阀驱动；实现列车的常用制动、防滑控制等功能
3	EXB 插件板	紧急输入和强迫缓解输入；制动缓解输出和制动储风缸压力低状态输出；远程缓解电磁阀驱动输出
4	VLD 插件板	检测空簧压力，控制紧急制动压力的空重车调整
5	DIO 插件板	数字量输入输出：8 路输入，4 路输出
6	CAN 插件板	实现内部 CAN 总线与外部 CAN 总线的信息交换，及车号设定
7	MVB 插件板	实现 CAN 总线与 MVB 的信息交换及一个单元 CAN 网段的制动力分配
8	CDP 插件板	有串口，可用于调试、数据读取、程序下载
9	CDR 插件板	有调试串口，可监测、记录本 CAN 单元数据，包括用于记录数据的 CF 卡
10	PWR 插件板	电源转换（110 V 转 24 V）
11	PW1 插件板	电源转换（24 V 转 5 V、15 V）

6.3 EP09 制动系统控制和作用原理

【知识目标】

掌握 EP09 制动系统控制和作用原理。

【能力目标】
能描述 EP09 制动系统的控制和作用原理。

【学习内容】

1. 电气原理

制动控制单元从控制类型上分为两个部分：电子控制装置和气动控制单元（PVU）。

电子控制装置主要分为制动及防滑控制、空重车调节、开关量输入输出、通信及故障诊断 5 个部分。

配有制动网关单元（GBCU）和本地制动控制单元（SBCU）的一辆车的制动系统电气接口如图 6.13 所示。每个 GBCU 和 SBCU 都有紧急制动的控制输入和 2 路速度传感器接口。常用制动是通过车辆硬线和 MVB 网络进行控制，硬线优先，当硬线故障时采用网络控制，但紧急制动不采用网络线控制，而是由紧急制动列车线直接控制每个转向架的 BCU。

常用制动控制指令通过硬线和 MVB 网络发送到 EP09G，EP09G 优先响应网络指令，当网络故障时，EP09G 响应硬线指令。常用制动控制硬线采用 PWM 信号传输，实现无级控制。

2. 制动系统主要功能

1）常用制动

常用制动的压力控制是以每架转向架为单位施加的，并根据该转向架的空气悬挂压力（ASP）进行随载荷变化的压力补偿，使 BCP 压力达到所要求的目标值。

常用制动采用网络控制，硬线冗余。电制动由网络进行管理，制动系统进行总制动力控制。

常用制动是空气制动与电制动自动配合的电-空混合制动：当电制动力不足或丧失时，可由空气制动来补足，或替代所需的总制动力。但 EP09 制动系统采用在全列车拖车优先的原则按照黏着限制补充空气制动力。当电制动力减速接近停车前，为保证平稳停车，将以空气制动力来替代快速衰退的电制动力。

常用制动受最大允许纵向冲击率限制。

2）快速制动

EP09 制动系统有"快速制动"网络指令位和硬线指令线。网络通信正常时，EP09G 收到网络快速指令，且一个 CAN 网络内的 2 个 EP09G 均收到快速制动硬线指令时，本 CAN 单元响应快速制动。在网络通信故障或紧急牵引模式下，一个 CAN 单元内的 2 个 EP09G 均收到快速制动硬线指令时，本 CAN 单元响应快速制动。

快速制动的控制方式与常用制动基本一致，瞬时减速度与紧急制动一致，且受 0.75 m/s³ 冲击极限限制。

快速制动需手柄回到零位时才缓解。

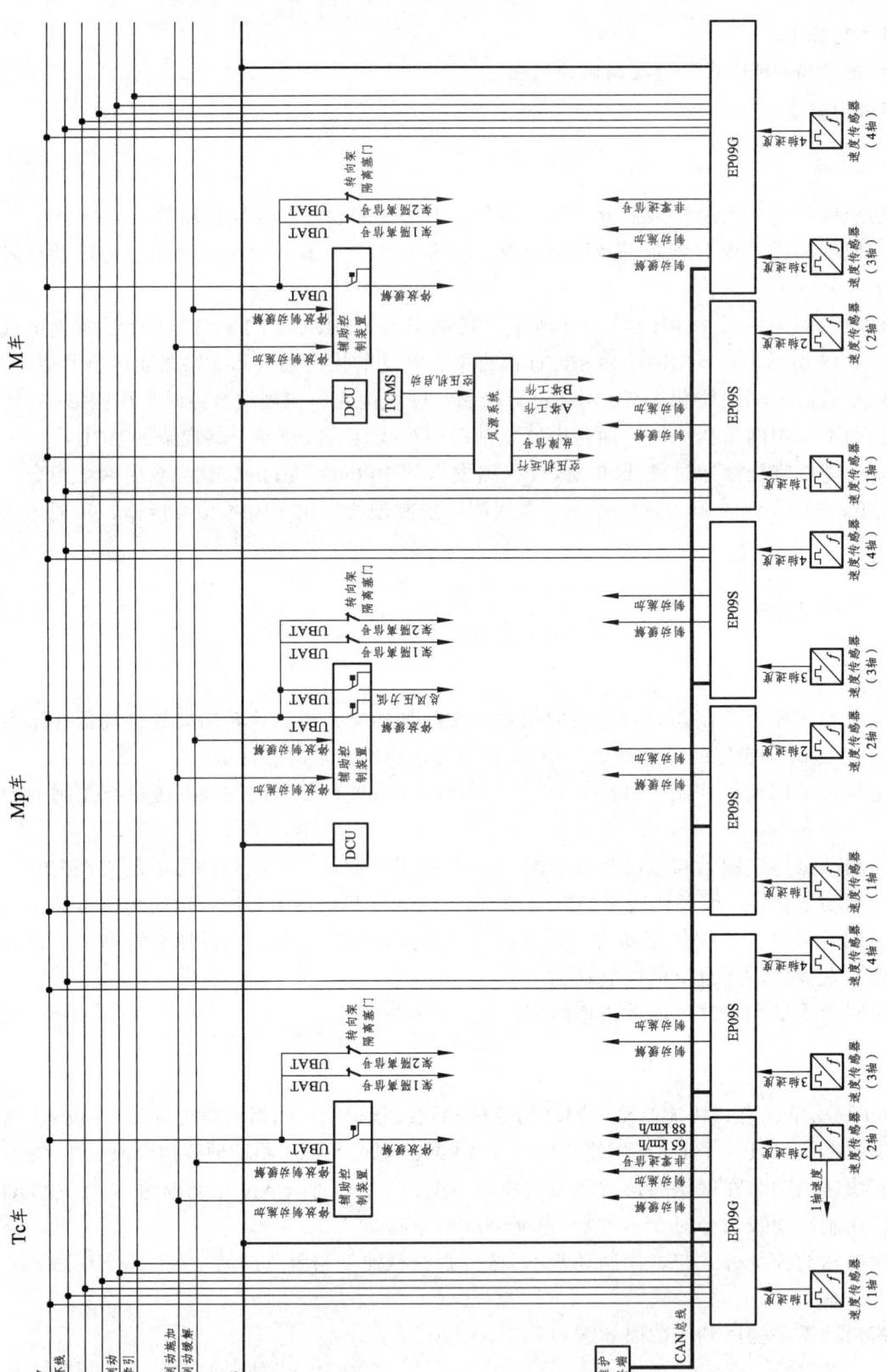

图 6.13 列车制动系统电气接口

3）保持制动

EP09 制动系统具有保持制动（holding brake）功能，列车停稳后，制动系统自动施加能确保超员情况最大坡道下列车不发生溜滑的制动力。

4）紧急制动控制

紧急制动的压力控制是以转向架为单位施加的,并根据该转向架的空气悬挂压力（ASP）随载荷变化的压力补偿。该控制功能一直处于激活状态，其紧急制动的最大压力被次级调整减压阀的设定所限制，而最小的空车压力又被主调节阀的弹簧设定所保证，这就使万一电子称重失效时，既可防止完全失去紧急制动压力，又可避免制动缸压力过大。

EP09 制动系统拥有独立紧急制动控制回路，在 ATP 系统发出紧急制动指令、列车分离、总风欠压、DC 110 V 控制电源失电等情况下，均能产生最高安全等级的紧急制动。紧急制动不受纵向冲击率的限制，由纯空气制动提供，达到最高制动缸压力 90% 的时间小于 1.5 s。

5）防滑控制

每根轴上装有一个速度传感器，一个 CAN 网段内各轴的速度信息可被本制动单元的各阀所共享。当列车制动时检测到了滑行使 WSP 被激活时，由架控的制动控制自动转为各轴制动力的单独控制，并同时检测和修正车轮的滑行。

检测低粘着状态的判据为：单一车轴上的减速率超限，每轴转速与车轴最高转速之间的速度差超限。

6）强迫缓解控制功能

强迫缓解电磁阀使用的是紧急制动电源，当紧急线失电时，强迫缓解功能自动失效。当 BCU 无电或故障时，CMPREL 板上 BCU 正常的继电器将会被复位，接通强迫缓解的电磁阀电路；如果紧急制动线有电，BCU 将通过强迫缓解电磁阀使制动缸压力缓解，当紧急制动失电时，紧急制动仍能施加。

7）制动施加指示

制动单元内部对制动缸压力进行检测，并反馈给 TCMS 系统在司机屏上显示。

8）制动供给风缸的低压指示

对制动风缸的压力进行检测，并实时反馈给车辆和制动系统。

9）制动缸压力连通控制

在常用制动和保持制动时，两个轴的制动缸压力通过连通控制阀连通；当进行防滑控制时，连通控制阀截断，两个轴的制动缸压力单独控制。

10）故障诊断和监测功能

当系统有故障时，故障信息能够通过 MVB 总线发送给列车监控系统（TCMS），并能够在司机显示屏显示，根据故障的影响程度，提示司机进行适当的处理。

系统故障信息及发生故障前后一段时间的数据同时在 EP09 的存储卡中存储，可通过读卡器读取存储卡内记录的数据。

存储卡选用 CF 卡，容量为 2GB。每个 CAN 单元 EP09S 内插有 1 块 CF 卡，记录本 CAN 单元的制动数据。

系统故障信息及发生故障前后一段时间的数据同时在 BCU 中存储，存储信息可以通过通信接口下载分析。

11）制动系统自检

制动控制装置（BCU）具有系统自动检测及故障诊断功能，自检方式包括上电自检（POT）、在线运行自检、命令自检等方式。

上电自动检测是指在控制电源加电时自动进行的检测，主要包括 CPU 外设接口自检、EEPROM 自检、电磁阀检测、MVB 通信接口检测等。

在线运行检测是在系统正常工作时，不需要外部干预也进行的自动检测，主要包括压力传感器检测、速度传感器检测、MVB 通信故障检测等。

12）命令自检

命令自检是由监控系统（TCMS）通过车辆总线发出的系统检测指令。检修人员通过司机屏的测试界面，按下"制动自检"按钮手动启动自检。

6.4　EP09 气路原理

【知识目标】
1. 掌握空气管路系统的组成。
2. 掌握供风系统、制动控制装置和基础制动装置气路原理。

【能力目标】
能识别空气制动系统气路图

【学习内容】

Tc 车、Mp 车和 M 车的 EP09 制动系统气路如图 6.14～图 6.16 所示，气路根据工作范围可分为如下几组。

1. 压缩空气供给装置（A 组）

该组设备负责为列车提供并储存充足、干燥、洁净、压力合适的压缩空气，主要包括电动压缩机组、空气干燥器、压力开关等。

2. 制动控制装置（B 组）

制动控制装置由一个模拟的单通道摩擦制动系统构成，系统为架控型电-空控制，其核心部件是 EP09G 阀和 EP09S 阀。它们包含了制动控制和车轮防滑系统两大主要微机控制功能，其余外围控制散件主要集中布置在辅助控制模块中。

3. 基础制动装置（C 组）

基础制动装置安装在转向架上的制动设备主要是两种单元制动器，其中一种带停放制动功能。两种单元制动器数量相等，每轴安装一个带停放功能的单元制动器，在转向架内部斜对称布置。

4. 车钩操作装置（W 组）

该组设备用于方便车辆之间的连挂和解编，包括电磁阀、软管和塞门等。

5. 升弓装置（U 组）

该组设备用于气动升弓，它包括一个脚踏泵、电磁阀、电动升弓泵以及操作所需的一些辅助装置。

6. 空气悬挂装置（L 组）

该组设备用于保证车辆地板设定的高度不随载荷的变化而变化，系统采用三点调平式。

7. 防滑装置（G 组）

车轮防滑设备主要是转向架上安装在轴箱外侧的车轴速度传感器等信号采集设备。

8. 轮缘润滑装置（V 组）

该设备主要是一个球阀，用于控制主风管向轮缘润滑设备的气源供应。

9. 其他部件/系统

其他部件/系统包括塞门、管路等。

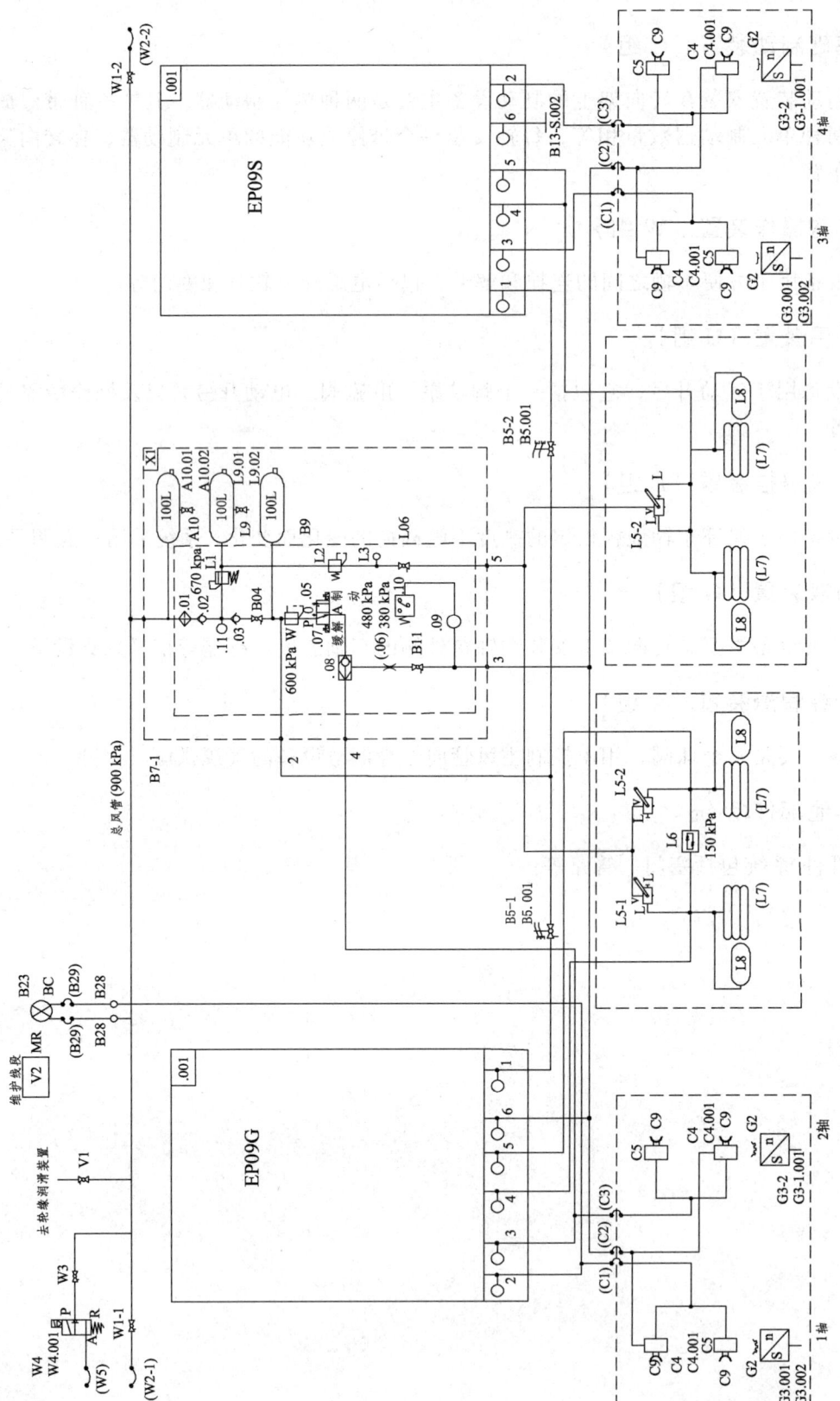

图 6.14 Tc 车气路原理

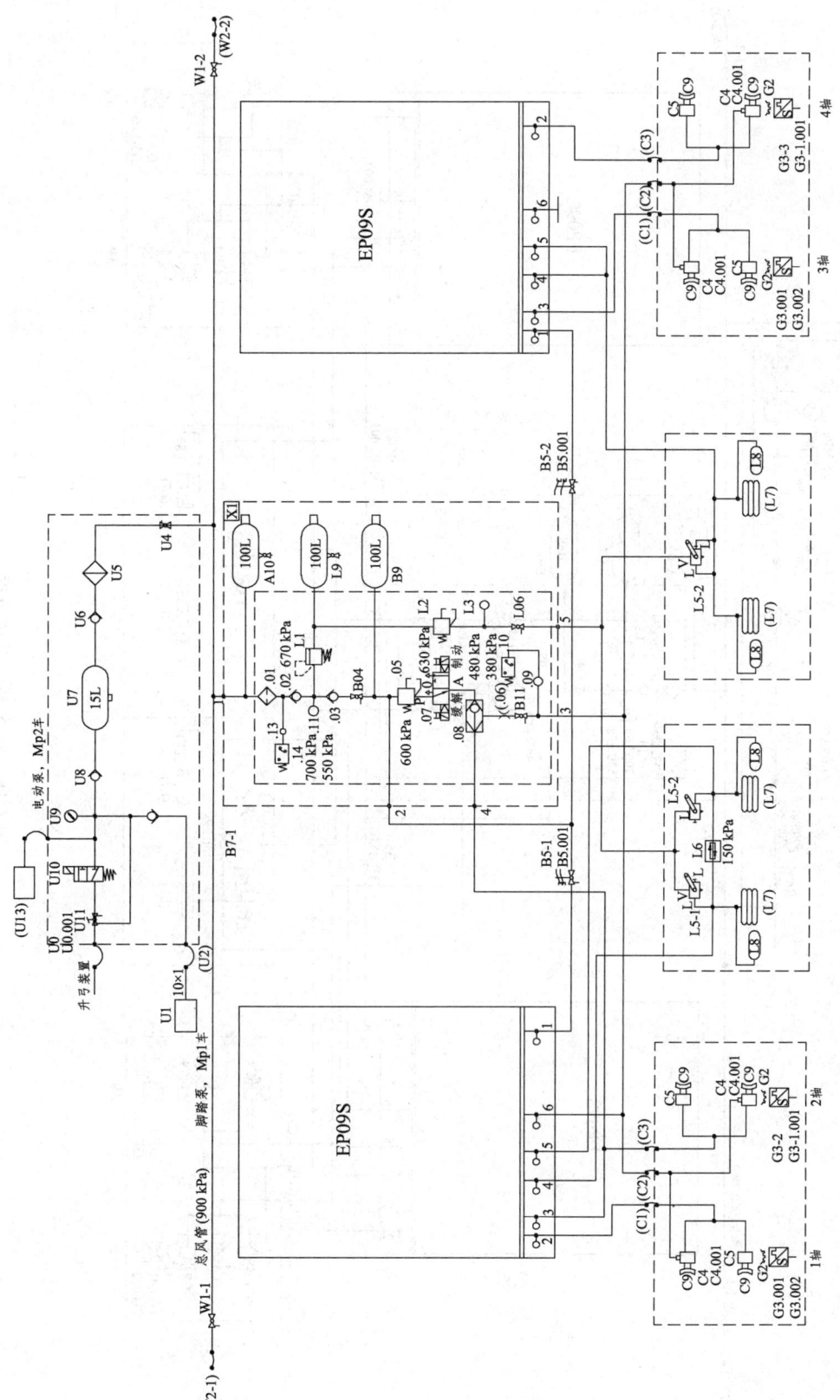

图 6.15 Mp 车制动系统原理

· 123 ·

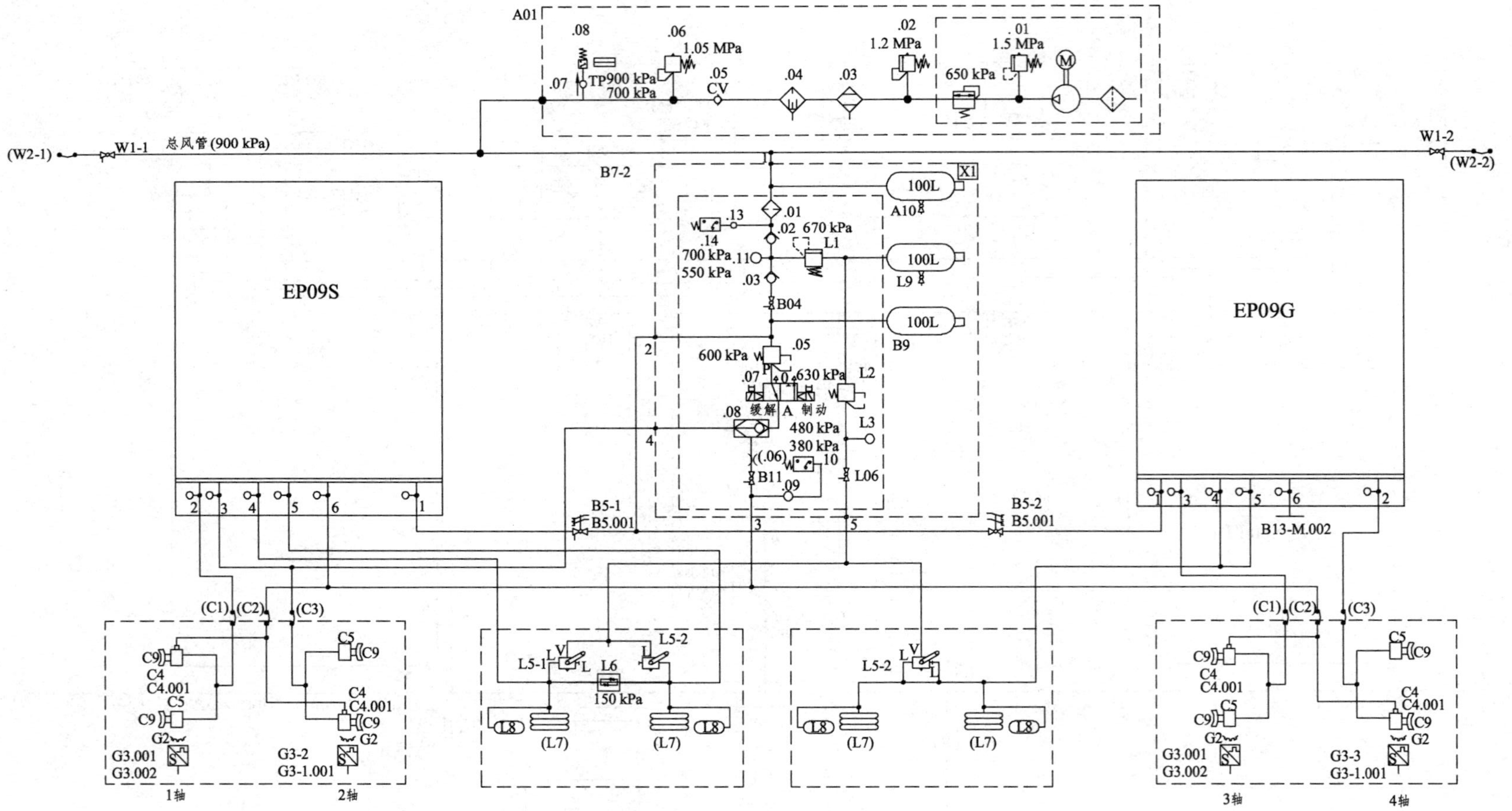

图 6.16　M 车制动系统原理

参考文献

[1] 王月明. 城市轨道交通列车制动[M]. 北京：科学出版社，2014.

[2] 刘柱军. 城市轨道交通车辆制动系统[M]. 北京：人民交通出版社，2016.

[3] 应云飞. 城市轨道交通车辆制动系统[M]. 成都：西南交通大学出版社，2016.

[4] 李益民. 城市轨道交通车辆制动系统维护与检修[M]. 北京：机械工业出版社，2016.

[5] 阳东. 城市轨道交通车辆检修[M]. 北京：机械工业出版社，2010.

[6] 殳企平. 城市轨道交通车辆制动技术[M]. 北京：中国水利水电出版社，知识产权出版社，2011.

[7] 夏寅荪. 机车车辆及城市轨道车辆电空制动机[M]. 北京：中国铁道出版社，2007.

[8] 邓之明. 轨道车辆制动工程[M]. 北京：中国铁道出版社，2006.

[9] 曾青中，韩增盛. 城市轨道交通车辆[M]. 成都：西南交通大学出版社，2009.

[10] 王亦军，动车组制动系统维护与检修[M]. 成都：西南交通大学出版社，2014.